《东南亚社会文化与投资环境》系列丛书

主编　隋广军

文莱
社会文化与投资环境

梁立俊　莫洁玲　编著

图书在版编目（CIP）数据

文莱社会文化与投资环境 / 梁立俊，莫洁玲编著. —广州：世界图书出版广东有限公司，2012.11
ISBN 978-7-5100-5300-9

Ⅰ. ①文… Ⅱ. ①梁… ②莫… Ⅲ. ①文莱—概况 ②投资环境—概况—文莱 Ⅳ. ①K934.4 ②F134.4

中国版本图书馆CIP数据核字（2012）第228953号

文莱社会文化与投资环境

项目策划：陈　岩
项目负责：卢家彬　刘正武
责任编辑：程　静
出版发行：世界图书出版广东有限公司
（广州市海珠区新港西路大江冲25号　邮编：510300）
电　　话：020-84451969　84459539
网　　址：http://www.gdst.com.cn
经　　销：各地新华书店
印　　刷：虎彩印艺股份有限公司
版　　次：2014年2月第2版　2019年8月第3次印刷
开　　本：880mm × 1230mm　1/32
印　　张：6.75
ISBN 978-7-5100-5300-9/K·0151
定　　价：28.00元

总 序

东盟是中国的近邻，与中国政治、外交关系密切，经贸往来十分频繁，中国与东盟的经贸合作意义重大。2010年中国-东盟自由贸易区启动，彼此的重要性以及经济上的互相影响更为凸显。广东地处南粤，与东盟各国或一衣带水，或山水相连，历史上商贸往来密切——下南洋曾经是广东人特有的“地理大发现”。随着广东经济增长模式转型和对外贸易方式转变，借自由贸易之利，全面强化、提升与东盟的经贸关系对广东未来经济发展至关重要。正是由于上述原因，东盟始终是广东国际战略研究院关注的重点。

近年广东国际战略研究院陆续推出了一系列有影响力的研究成果，或为政府战略决策提供依据，或为商界开拓市场提供参考。这套《东南亚社会文化与投资环境》系列丛书是研究院近期推出的又一力作。其主旨在于为政府及相关人员提供一套关于东盟政治、经济、文化的参考文献，供他们放在案头随时备查；特别是为有意投资东盟十国的商家、企业提供可靠的信息，作为走入东盟的路径指南；也为其他对东盟感兴趣的人士提供权威且全面的经典之作。

这套丛书分为十本，每本按国别独立成册。丛书各分册在体例编排上基本相同，主要内容虽各有侧重，但均以一国之经济为核心，涵盖以下几个方面：一、经济状况。描述该国经济发展、变革的历史过程，解读其经济体制的现状及未来趋势，汇总经济发展水平的各项指标，并对其经济发展进行简单评价。二、产业特点。介绍其资源禀赋的优劣势，归纳分析产业布局重点和特点，简要分析产业发展趋势以及与中国产业结构的异同。三、财政金融。介绍其财政、金融组织架构，分析财政、金融政策的特点，介绍融资市场规模及其影响力等，发掘与中国相关金融政策对接的可能性。四、商业机会。根据其资源特点和政策导向以及产业结构的现状，结合中国企业的对外投资优势，介绍潜在的投资领域和行业。除了上述内容之外，书中也概括地介绍该国的政治、文化、教育、风物以及外交情况，其中与中国的往来关系更是必备内容。书中附录收集该国的法律法规、政策指南以及政府、商业和企业信息，以备读者查阅。

我们力求使本丛书具备以下几个特点。一、求真。这是一套通识类读物，意在让读者一册在手，所需真实信息尽收眼底。二、求新。我们力求使用最新的资料，并向读者提供获得最新信息，或更新资料的渠道。三、求精。我们在编纂过程中通过精心安排结构，精心取舍材料和提炼观点，最大限度地让读者在获得通识的基础上取精用宏，满足他们更高层次的阅读要求。四、求实。我们在简洁的分析和解读的基础上，努力追求“工具化”的目标，通过覆盖面最广的资料和数据，使其具有工具书一样的功能。当然摆在读者面前的这套丛书距此理想仍有差距，希望读者多多批评指正。

这套丛书从筹划到正式出版历时近两年，该丛书的出版是许多人共同努力的结果。感谢中国出版集团、世界图书出版公司在本书出版过程中的支持和帮助；感谢北京大学、北京外国语大学、广东外语外贸大学各个语种的专家教授以及参与编撰的所有作者，正是他们的辛苦付出和鼎力支持成就了这套丛书。最后特别要感谢广东外语外贸大学非通用语种教学与研究中心主任林秀梅教授，她为丛书的出版做出了大量重要和无私的贡献。

2012年10月1日

前言

文莱全称“文莱达鲁萨兰国”，古称“渤泥”。15世纪伊斯兰教传入，建立苏丹国。16世纪初达到极盛时期。16世纪中期起，葡萄牙、西班牙、荷兰、英国等相继侵入。1888年沦为英国的保护国。1941年被日本占领。1946年英国恢复对文莱的控制。1959年与英国签订协定，规定国防、治安和外交事务由英国管理，其他事务由苏丹政府管理。1971年同英国重新签约，规定除外交事务和部分国防事务外，苏丹恢复行使其他所有内部自治权。1978年苏丹赴伦敦就文莱主权独立问题同英国政府谈判，缔结了友好合作条约。1984年1月1日脱离英国而独立，实现君主立宪。文莱实行“马来—伊斯兰—君主制”三位一体的政治制度，政局稳定、民族和睦，治安状况良好，被誉为“和平之邦”。

在历史上文莱曾是东南亚一个贫穷落后的农业小国，从20世纪初发现石油到六七十年代石油、天然气的大量开采，文莱的经济结构发生了根本性的变化，石油和天然气开采业成为经济的支柱产业。石油、天然气的生产和销售为文莱政府带来丰厚的外汇收入，加上国家人口少，文莱国民经济迅速发展，人民生活水平大幅度提高，80年代初人均GDP达2万多美元，成为富甲一方的石油王国，是典型的石油经济国家。

文莱是政教合一的国家，伊斯兰化程度很高，宗教色彩和马来民族传统比较浓厚，尤其在社会生活方面，伊斯兰教规几乎成了生活的准则。文莱人民重视社会、族群、人际关系的和谐。在旅游方面，文莱的首都——斯里巴加湾市，是一个高楼大厦林立的购物中心。其他名胜景点有：丘吉尔纪念馆、皇家典礼厅、努鲁尔伊曼宫、文莱博物馆、赛福鼎清真寺、蔗鲁东公园以及独具民族特色的水村等。在文莱，各种水上活动非常盛行，如游泳、冲浪、划船、潜水和垂钓等。

文莱奉行不结盟和同各国友好的外交政策。主张国家无论大小、强弱，都应相互尊重。中国与文莱于1991年建交以来，两国睦邻友好合作关系不断得到巩固和发展。

文莱，偏安东南一隅，富甲一方，有“和平之邦”的美称，能为外国投资者提供优惠的投资条件和良好的投资环境。作为依赖石油与天然气的资源型国家，文莱工业基础不发达，其政府积极推动非石油天然气行业发展，大力发展经济多元化。因此，在农业、渔业、旅游业、制造业等方面都蕴藏巨大的商机。

本书为前往文莱投资置业的投资者介绍文莱的政治、经济、政策法规、社会文化和投资环境等，并对投资者在开展投资合作时的程序和相关注意问题给予提示。希望本书能够帮助投资者了解文莱的投资状况，从而提高投资者经营决策水平，降低跨国经营的风险，构建和谐的对外投资合作关系。

编　者

2012年9月

目录

Contents

目
Contents
录

目 Contents 录

第一章 国家概述

本章导读

☆文莱（Negara Brunei Darussalam）全称“文莱达鲁萨兰国”（意为“和平之邦”），是东盟10国中国土面积最小和人口最少的国家。文莱于1984年1月1日独立，实行王室统治，国内政治社会比较安定，推行“马来化、伊斯兰化和君主制”政策，君主拥有绝对权力。文莱通过发展石油和天然气产业，跻身世界高收入国家之列，在亚洲其富裕程度仅次于日本和新加坡，成为“浮在石油上”的袖珍富国。

第一节　地理与气候

一、地理

文莱位于加里曼丹岛（也称婆罗州岛）西北部，赤道以北443公里，东经114° 03′ 至115° 23′ 、北纬4° 02′ 至5° 05′ 之间。北濒浩瀚的南中国海，东南西三面与马来西亚的沙捞越州接壤，并被位于沙捞越州北部的林梦分隔为不相连的东西两部分，在地图上形成一个W状。文莱国土面积5,765平方公里，海岸线长约161公里，共有33个岛屿，其中2个岛屿在海上，其余大部分在文莱河下游的河口地区。个别岛屿上有居民，有的岛屿上仅有渔民、考古工作者、探险队和旅游者出没，常住居民为数甚少，多数岛屿处于荒芜状态。全国划分为4个区，分别为文莱—穆阿拉区、都东区、白拉奕区和淡布伦区。

文莱是一个海岛国家，整体地貌由陆地和海洋组成，其中陆地面积占总面积约3/4，且大部分被森林覆盖，从高处俯瞰，整个国家像置身于一片绿岛之中，美丽如画。文莱的东部由广阔的沿海平原向内地延伸为崎岖的山地，西部多为丘陵低洼地，呈现东高西低的地势。东部的淡布伦区地形较高，其东南面与沙捞越交界处的巴贡山为全国最高峰，海拔1,841米。而西部的文莱—穆阿拉区、都东区及白拉奕区的地势是由横亘的山脉一直延伸到沿海的沼泽平原，由于长期的洪水与河水冲刷，山坡上水土流失严重，其沉淀物形成了广阔的沿海平原。全国有4条主要大河，即白拉奕河、都东河、淡布伦河和文莱河。其中白拉奕河是文莱第一大河，全长32公里，从东南流向西北，纵横白拉奕区全境。

二、气候

文莱地处低纬度，其陆地与大海相连，属热带雨林气候，常年高温多雨，最低温度25℃，最高温度33℃，年平均气温28℃。雨量方面，由于受东北季风气候影响，从10月份到来年的2月份，雨量较充沛，气候凉爽，降雨量因地区而异，年平均降雨量为2,000~4,000毫米。而3月份到8月份气候炎热，少雨。因此，全年分旱季（3—8月）和雨季（11—次年2月）两个明显的季节（见表1-1）。11月至次年3月刮东北风，4月至10月刮西南风，文莱除受南中国海台风带影响以外，未出现过龙卷风。由于降雨量大，文莱湿度也较大，平均在67%~91%之间。①

表1-1　文莱1966—2006年每月平均气温与降雨量

	1月	2月	3月	4月	5月	6月
最高温度	25℃	28℃	32℃	33℃	33℃	32℃
最低温度	13℃	15℃	20℃	23℃	25℃	26℃
降雨量（厘米）	273	139.5	129.3	194.8	247.9	219.7
	7月	8月	9月	10月	11月	12月
最高温度	31℃	31℃	32℃	31℃	29℃	26℃
最低温度	26℃	26℃	26℃	24℃	19℃	15℃
降雨量（厘米）	216.7	219.6	257.6	314	321.9	346.2

资料来源：GOOGLE网站。

①摘自文莱气象服务站公布的“文莱达鲁萨兰国的气候”（Climate of Brunei Darussalam）。网址：www.bruneiweather.com.bn/images/bruneiClimate.pdf

第二节　人口、民族与宗教

一、人口

根据文莱经济规划与发展局公布的最新统计数据显示，截至2009年，文莱总人口已达到40.6万人，年增长率2.1%。其中马来人口26.94万人；华人仍为国内第二大族群，人口达4.46万；其他种族人数9.22万。人口数按地区分为：文莱—穆阿拉区28.33万人，是人口最密集的地区；白拉奕区6.71万人；都东区4.57万人；淡布伦区约1万人。男女性人口分别为21.5万和19.1万。文莱是一个年轻化的国家，2009年文莱人平均年龄是26.6岁，其中青少年（5~19岁）占总人口的26%，中青年（20~54岁）占总人口的54%，而老年人（65岁及以上）仅占总人口的3%。年人口出生率1.7‰（每1,000人），死亡率是2.7‰（每1,000人）。男性平均寿命是76.6 岁，女性是79.8 岁。人口密度为每平方公里70人。

文莱不推行计划生育政策，人口呈自然增长状态，并且文莱人有多子多福的观念，自己有子女的情况下还会再领养孩子。

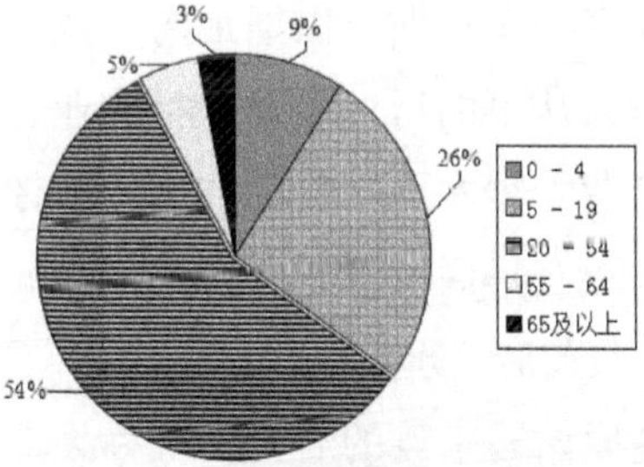

图1-1　文莱人口年龄结构图

资料来源：文莱首相署经济规划与发展局 Brunei Darussalam Key Indicators 2009（BDKI 2009）。

二、民族

文莱人口虽少，却是一个多民族国家，主要的民族是马来族和华族。

马来族是文莱的主体民族，约占全国人口的2/3，最早于13—15世纪自苏门答腊和马六甲等地迁徙而来。到20世纪，为在文莱开采石油和发展种植业，又有大批马来人迁入，他们主要来自邻近的沙捞越和沙巴。马来族属南岛语系印尼语族，蒙古人种马来类型，说马来语。最早信奉拜物教和佛教，15世纪后，大多改信伊斯兰教，属逊尼派。马来族是多文化跨地域的大融合，其诗歌、音乐、舞蹈、戏剧和造型艺术独特且发达。文莱的马来族一般居住在沿海地区，他们主要在政府机构、金融、贸易和石油等部门工作，也有少数人从事农业和渔业。文莱皇室也属于马来族。

华族是文莱第二大民族，占全国人口约15%。早在中国明朝时期，就已经有华人移居文莱。自19世纪下半叶起，就有更多的华人到文莱谋生，他们主要来自中国南方的广东、福建、海南等地。1930年以后，文莱推行限制移民政策，直接从中国来的华人大幅度减少。此后的华人主要是当地华人的后裔，或是从马来西亚、新加坡出生的华人后裔。

文莱的华族多分布在斯里巴斯加湾、诗里亚和文莱—穆阿拉区的乡村。华人从事的行业主要包括农业、商业服务业、零售业等，并且经营着锯木厂、食品加工厂、橡胶厂、金银首饰厂、饮料厂等，还有华商经营进出口业务、充当中介商和经营餐饮店、旅店、服装店、理发店等。

土著民族是原始马来族的后裔，统称为“达雅克人”，意为“内地人”、“山里人”。现今的达雅克人大多数仍然信仰万物有灵的拜物教，有巫师，部分信仰伊斯兰教或基督教。仍

土著长屋

有达雅克人沿袭古代的原始民族公社生活，以游牧、渔猎为生，后多改营农业和畜牧业，种植旱稻和橡胶，手工业亦有发展。社会生活保留母系氏族制残余，盛行入赘婚，财产按双系继承。他们一般将村落建在江河边，多住长屋，长者可达200米。各村都建有首领住所、客人住所、男子会所和青年公房。近年来，达雅克人中开始出现小家庭单独建屋居住的倾向，经济和文化日益受到商品货币关系和马来人及其他外来移民的影响，部分与之发生混合，因此土著民族在文莱所占的比重也越来越少。

三、宗教

在文莱，民族成分复杂，所以宗教种类也较多，包括伊斯兰教、佛教、印度教、基督教、妈祖教和万物有灵的原始宗教。其中，伊斯兰教为大多数人所信奉，是文莱的官方宗教，占全国人口主体的马来人绝大多数是信仰伊斯兰教的逊尼派穆斯林。此外，部分华人和土著人也信仰伊斯兰教。早在15世纪前，伊斯兰教传入文莱，被居住在当地的马来人所接受，并在此基础上建立起政教合一的文莱苏丹国。1959年文莱正式把伊斯兰教定为国教。

1984年1月1日，文莱正式脱离英国保护，成为独立的主权国家。文莱独立后，苏丹哈桑纳尔·博尔基亚一直致力于维护和提高伊斯兰教的地位，不仅继续保留1959年宪法将伊斯兰教定为国教的条文，而且以伊斯兰教为制定政策的依据和社会的行为准则，力图使异教徒皈依伊斯兰教，使整个文莱成为一元化的穆斯林社会。

伊斯兰教规已成为文莱马来人的生活准则。按照《古兰经》的训诫，文莱穆斯林不喝酒、不吃猪肉、不吃宰杀前已死亡的动物。对不吸烟、不浪费、不偷懒、遵守社会公德等行为，文莱新闻媒介也从教规要求的多角度进行宣传。每天要礼拜5次，即破晓时的“晨礼”，中午的“晌礼”，下午的“晡礼”，日落时的“昏礼”，入夜后的“宵礼”。文莱伊斯兰教徒每星期五必须回到教堂参加聚礼和祈祷。

文莱宪法规定，伊斯兰教为国教，实行君主立宪制，苏丹为国家元首，拥有行政权。规定在进行现代化建设的同时必须保持伊斯兰教原则。伊斯兰教在国家政治生活中占有重要地位。苏丹下设由伊斯兰教高级学者组成的宗教理事会，协助苏丹领导宗教。政府为清真寺、宗教学校和印刷出版伊斯兰经籍设有宗教基金。全国设有伊斯兰教法院，处理宗教和民事诉讼。政府的高级官员大多由穆斯林担任。设有宗教学校，培养教职人员，并派留学生到马来西亚、印度尼西亚、巴基斯坦、埃及等国家的宗教大学学习。注意加强同世界伊斯兰国家的友好联系。文莱穆斯林属逊尼派，奉行哈乃斐法学派教法，并派出代表参加世界伊斯兰组织召开的会议，为“伊斯兰世界联盟”和“伊斯兰发展银行”组织的成员国。

第三节　行政区域与主要城市

一、行政区域

文莱的行政区域划分与世界上许多国家不同，只设区、乡和村三级。全国划分为4个区域：文莱—穆阿拉区、都东区、白拉奕区和淡布伦区。

（一）文莱—穆阿拉区（Daerah Brunei Muara）

文莱—穆阿拉区北临南中国海，东南为文莱湾，南为马来西亚沙捞越的林梦地区，面积570平方公里，地势低平，是该国最北面的区，也是面积最小的区。2009年人口28.33万人，是文莱人口最多的地区。文莱河位于本区。位于文莱河边的首府斯里巴加湾市又是该国的首都。区内主要城镇还有麻拉。最大的港口穆阿拉都也是位于这个区内。该区是全国的政治、商业、文化和宗教中心。

（二）都东区（Daerah Tutong）

都东区北临南中国海，东邻马来西亚沙捞越的林梦地区。面积1,165平方公里。文莱最大的湖泊——美林本湖位于本区。2009年人口4.57万人。首府都东。都东区是土著民族的居住区，出产水稻和蔬菜，畜牧业较发达。

（三）白拉奕区（Daerah Belait）

白拉奕区南临中国海，西部（米里区）、南部（林梦区）为马来西亚的沙捞越。面积达2,727平方公里，是该国最西面的区，也是面积最大的区。2009年人口6.71万人。首府马来奕。文莱最长的河流白拉奕河和该国主要的石油生产基地诗里亚位于本区。石油、天然气的开采和生产以及未开采的石英矿砂集中在这个区内，是文莱的经济命脉中心。该区还出产水稻、木材和胡椒等。

（四）淡布伦区（Daerah Temburong）

淡布伦区北临文莱湾，西部为马来西亚沙捞越的林梦地区，与文莱其他地区分开。淡布伦河流经本区。面积1,303平方公里，2009年人口约1万人。首府邦阿，下分5省。该区是原始森林集中的地区，包括著名的文莱国家森林公园。园内风光秀丽，绿树丛生，美不胜收。区内森林资源丰富，以出产木材和建筑用的沙石为主。

二、主要城市

（一）斯里巴加湾市（Bander Seri Begawan）

斯里巴加湾市是文莱的首都，位于婆罗州北部，文莱湾西南角滨海平原，文莱河畔。面积100.36平方公里，人口约6万人（2009年），是全国政治、经济和文化中心。

在几个世纪以前，这里只是一座小小的水上村落。从1906年起，一部分水村人迁到陆地上定居，形成当时的文莱镇，即现在斯里巴加湾市的雏形。1970年10月4日，时任苏丹为表彰其父二十八世苏丹的建国业绩，将文莱镇正式改名为斯里巴加湾市。“斯里巴加湾”原是二十八世苏丹的封号，在马来语中意即“受尊敬的高贵之人”。

从1970年正式命名至今，斯里巴加湾市发展十分迅速，城市面貌日益改观，一片片新楼群拔地而起，公路网不断扩展，呈现一片欣欣向荣的景象。市容整洁，草木青翠，繁花似锦。新式的水上公寓和楼房代替了昔日的水上村庄；皇宫规模庞大，富丽堂皇；赛里福鼎清真寺和哈桑纳尔·博而基亚清真寺庄严肃穆，雍容典雅。国家博物馆、王室陈列馆、苏丹陵墓是该城市的主要旅游景点。

斯里巴加湾市也是全国的交通中心，有公路通往全国各地，其中沿海公路把它与西部城市相连。海上运输可通往中国香港、新加坡、吉隆坡、曼谷等地。这些年来文莱航空业有了很大的发展。20世纪70年代中期，随着新机场落成，文莱皇家航空公司不断拓展业务。如今，文莱已经开辟了30多条国际和地区航线，与曼谷、北京、香港、马尼拉、开罗、伦敦等27个城市通航。

首都人享受着经济发展带来的巨大福利。他们享受免费医疗、义务教育、政府提供住房等；同时，避免了现代化过程中的负面影响及伴随而来的社会问题。在斯里巴加湾市，社会风气良好，秩序井然，人与人之间和睦相处，社会安定，仿似一个“世外桃源”。

2009年9月，文莱内政部宣布委任建筑规划公司HOK Int’l（Asia Pacific）Ltd.为首都斯里巴加湾市设计发展蓝图，该蓝图重点涵盖了环境和谐、文化内涵、旅游发展、经商便利、基础设施、完善行政管理能力等十大发展目标，目的是把斯里巴加湾市发展成为一个充满魅力的国际城市。

（二）诗里亚（Seria）

诗里亚位于文莱的西南部。市区沿海岸分布，人口数万。原为热带丛林荒野，1923年发现石油，1929年开采。市区石油井架林立，为文莱陆上石油主要产地，有小型炼油厂。该市主要大街上店铺林立、商品丰盛，市场较为繁荣。有轻便铁路可通巴达斯，沿海公路西可通瓜拉白拉奕，东可达都东区及其首府和穆阿拉港。

诗里亚风光

（三）白拉奕市（Belait）

白拉奕市是文莱的西部城市和油港。白拉奕县县治所在地，位于白拉奕河口。港区水浅，高潮深2米，低潮深0.5米。有两座100余米长的码头和浮动干船坞。有造船、锯木等厂，郊区产水稻。沿海公路东通诗里亚、都东等地，西通沙捞越的峇南港。

白拉奕市风光

白拉奕市盛产石油，该市内标志性建筑——十亿桶原油纪念碑，是为纪念文莱蚬标石油公司在1932年进行正式开采石油，60年后，终于在1991年开采出第10亿桶原油所设。该纪念碑耸立在两排整齐树木的中间，此外，该纪念碑的设计也提醒游客们，文莱为伊斯兰教国家。从白拉奕市中心前往十亿桶原油纪念碑仅需短短的5分钟，而该区夜以继日都在进行抽取石油的抽油机器，从远处眺望，就像一直在辛勤劳动的驴子，蔚为奇观。

（四）都东（Tutong）

都东位于都东河入海口附近，在首都斯里巴加湾市西面39公里处，是一座面河背山、向山顶发展的小城，人口稀少，民族多元化，也是都东区的首府。都东别具一番姿态，多样的文化和独特的文莱农村生活方式，使它成为文莱最有特色的地区，而且Ruma Budaya文化村丰富的乡土特色，展示着婆罗州5个同种文化之民族。市内有锯木厂等小型的企业，城郊有小型机场。都东更有丰富的自然美景：斯里克纳干海滩（Pantai Seri Kenangan beach）的白色沙滩和露出地面岩层的岩石，以及有些神秘感的Tasek Merimbun——一个被沼泽地和15世纪的墓地环绕着的蜿蜒的湖。

第四节　政治与历史

一、政治

（一）政治制度

文莱的政治制度，始于其沿袭自14世纪以来相同的苏丹王朝，苏丹是国家和政府的领袖。虽然文莱一度沦为英国保护国，但文莱苏丹在当地的统治并未中止过。文莱的政治体制源自英国的承传，所以亦奉行行政、立法及司法三权分立。现当地的立法权力已被苏丹完全接管，苏丹在独立时宣告文莱永远是一个享有主权、民主和独立的马来伊斯兰君主制国家。独立以来，苏丹政府大力推行“马来化、伊斯兰化和君主制”政策以巩固王室统治，重点扶持马来族等土著人的经济，在进行现代化建设的同时严格维护伊斯兰教义。文莱国内政局稳定，但近年来社会治安问题有所增多。2005年，文莱通过内阁改组和重组立法会进一步加强了苏丹权力，巩固和扩大了王室的统治基础。

（二）政府

根据文莱于1959年制定的宪法，文莱苏丹是国家元首，并有完全的行政权力，包括自1962年开始被赋予的紧急权力。政府内阁组织于1988年12月1日由文莱苏丹宣布组成，1989年1月进行改组。2005年5月，苏丹再次改组内阁，新增首相府高级部长、能源部长、第二财政部长、第二外交部长四个职位，将国家大祭司、总检察长两职位由副部级升至正部级，并首次宣布所有内阁部长以及副部长的任期均为5年。

（三）政党

1985年5月30日,苏丹宣布允许政党注册，随后出现了文莱国家民主党和文莱国家团结党。1988年文莱政府将国家民主党取缔，现仅存文莱国家团结党。另有国民觉醒党和国民进步党等两个鲜有影响的小党。

文莱国家团结党（Brunei United National Party）：1986年2月从国家民主党分裂而成，自称是多元民族政党，支持君主制，主张建立一个民主的马来伊斯兰君主国，要求恢复议会选举。该党忠于苏丹王室统治，配合政府推行的政策，在必要的时候作为民间力量出来为政府说话。

二、历史

文莱从8世纪开始有人定居，在元代史籍中称“渤泥”，明代史籍中称“文莱”。 文莱长期受中国文化影响，13世纪后伊斯兰化。其国王麻那惹加那（1380—1408年）曾于1408年访问中国，后逝世并安葬于南京。14世纪，文莱伊斯兰教君主国从爪哇的控制下摆脱出来，在14世纪至16世纪变得非常强大，国土包括菲律宾南部以及沙捞越和沙巴。后受欧洲人的影响，使得这一政权走上末路。1888年，文莱沦为英国的保护国。1984年1月1日，获得完全独立。

（一）古代

根据考古发掘，早在1万多年前文莱已有人类活动遗迹，其文化经历过石器、铜器和铁器时代，其社会存在过长时期的原始公社制度。随着生产力的发展和阶级的分化，4世纪左右出现摩拉拔摩王国。9世纪中叶，被苏门答腊的室利佛逝帝国征服。10世纪末恢复独立。在其后 400余年中，国力强盛，幅员辽阔，生产发展，商业繁荣，与中国和阿拉伯地区来往甚密。中国的《诸蕃志》《岛夷志略》和阿拉伯的《快乐的书》等著作中对这一时期的文莱记述颇详。14世纪末，文莱又被爪哇的麻喏巴歇帝国占领，成为其附属国。15世纪初，马六甲王国兴起，文莱曾依附该王国，不久，又恢复独立。文莱国王皈依伊斯兰教，改制苏丹国。16世纪中叶以后，葡萄牙、西班牙、荷兰、英国等西方殖民者相继入侵，文莱国土屡次被分割，国势逐渐衰微，只剩目前的领土，最后在1888年沦为英国的保护国。

（二）保护国时期

根据1888年9月17日签订的《英国文莱条约》，英国握有苏丹王位继承决定权和外交权，并规定未经英国同意，文莱不得将国土割让给他国。1906年，又签订补充协定，英国派驻扎官掌管文莱的一切政务。从此，文莱的一切内政、外交和国防大权都落入英国人手中。名义上文莱仍是一个苏丹国，但实质上已成为英国的殖民地。英国殖民者大肆掠夺经济资源，夺取土地种植橡胶，操纵森林资源开发，文莱民族经济受到极大摧残，国家财政拮据，靠借贷维持开支。20世纪20年代，诗里亚地区石油的发现和开采，不但给英国殖民者带来巨额利润，也为文莱各项事业发展提供了财政基础。

第二次世界大战期间，文莱被日本侵略者占领，并与邻近沙捞越和沙巴合并为一个行政区。在日本占领期间，文莱各项事业，尤其是石油业，遭到严重破坏。

1945年9月，英国人卷土重来，文莱又被置于英国的军事管制之下。1946年7月，英军将政权移交给民政当局。其后，文莱经济恢复迅速，石油产量逐年增长。与此同时，民族民主运动也逐渐兴起。20世纪50年代后半期出现第一批政党，最早成立的是人民党。在民族民主运动压力下，英国被迫同意于1959年颁布宪法，撤销驻扎官,实行部分内部自治和行政改革，建立地方议会和立法会议。1962年开始议会选举，人民党获得绝大多数议席。这时，马来西亚联合邦在英国支持下，正积极推行包括文莱在内的马来西亚计划，文莱人民坚决反对加入马来西亚。以此为契机，同年12月8日，在人民党领导下，文莱人民掀起大规模武装起义。英国殖民当局出兵镇压，起义迅告失败。人民党成员流亡国外。随后，文莱政府开始实施紧急状态法令。1971年，文莱与英国签订新条约，文莱获得“完全内部独立”，但外交事务仍由英国掌管，国防事务由双方共同负责。1978年6月双方达成协议，1983年底文莱获得完全独立。

（三）独立

1984年1月1日苏丹宣布，文莱已成为一个完全独立的国家，并宣布新内阁组成名单。1984年1月7日文莱正式加入东南亚国家联盟，同年9月加入联合国，为第159个会员国。

独立后，文莱实行君主立宪制，苏丹为国家元首，兼任首相、财政大臣、内政大臣。全国设内阁、一院制的立法议会和最高法院，分别负责行政、立法和司法事务；各县设县长、地方议会和地方法院。最基层行政单位为村，设村长，由本村居民选举产生。

第五节　文莱：和平之邦

文莱，全称文莱达鲁萨兰国（Negara Brunei Darussalam），其中Negara 是马来文，意为“国家”；Brunei 一词源于梵文，意为“航海者”，马来人理解为海上商人；Darussalam 是阿拉伯语，英文译为“Abode of Peace”，意为“和平的土地”或“和平之邦”，全名的贴切意思应是“生活在和平之邦的海上贸易者”。

国徽

文莱国徽由王室标志发展而来。呈红色，中心图案是一轮上弯的新月，表明文莱是信奉伊斯兰教的国家。从新月中心向上绘有一根棕榈树茎，茎上端伸展着双翼，象征国家的公正、繁荣与和平受到保护。双翼上端是一顶华盖和一面三角旗，象征王室。新月上用金色马来文写着文莱的国家标语：遵照真主的旨意行事。中心图案两侧绘有两只手臂，象征文莱穆斯林向真主祈求和文莱臣民对苏丹的拥护，以及政府促进人民福利、国家和平与繁荣的决心。在国徽底部绘有一条写有文莱国名的饰带。

文莱国徽

国旗

文莱国旗由黄、白、黑三色及国徽组成。1906年，根据文莱和英国两国签订的协议，英国向文莱派出首位常驻专员。根据该专员的建议，文莱决定设计国旗。当时国旗由黄、白、黑三种颜色组成，分别代表文莱在协议上签字的苏丹及辅政的两位亲王。1959年文莱颁布第一部宪法时，规定在原国旗图案上加上国徽组成新的国旗图案，一直沿用至今。

文莱国旗

国歌

文莱国歌为《真主保佑苏丹》。歌词大意是：真主保佑陛下万寿无疆，公正英明地统治国家，幸福地领导我们臣民，君主国和苏丹生活安宁。真主啊，保佑文莱这个和平之邦。

康定杜鹃

国花

文莱国花为康定杜鹃。

重要节日

文莱独立日：1月1日。

国庆节：2月23日。

开斋节：日期根据伊斯兰教历每年均有变化。文莱为伊斯兰教国家，开斋节是文莱最盛大的节日。

第二章 经济概况

本章导读

☆文莱是东南亚盛产石油的小国，得天独厚的石油及天然气资源促进了文莱的经济发展，但由于过度依赖石油与天然气，使文莱的其他经济部门普遍缺乏竞争力，经济结构过于单一。为了改变其经济的脆弱性及其在世界上的经济地位，文莱已着手实行多元化经济的发展战略，加速发展农业及非石油为基础的工业（如服装业、制造业）、服务业及除石油和天然气之外的矿物业等。经过4个阶段的经济发展，文莱经济具有下列几方面的特点：非油气产业比重增加，外贸盈余增加，无外债，商品供应增加和政府的财政年度预算盈余。

第一节　经济发展过程

文莱自1962年起制定和实行“五年发展计划”，但由于国内市场狭小，技术和人才短缺，生产成本过高，以及发展项目严重依赖国际市场，缺少比较优势和国际吸引力，文莱经济多元化发展战略的实施迄今收效缓慢，经济发展仍以油气出口为主。文莱非油气产业主要有服装制造业、建筑业、金融业以及农林渔业等，但均不发达。因此，文莱制成品、工业设备、农产品、日用品等均依赖进口。

着眼于国家持久发展，从20世纪80年代起，文莱政府实施了进口替代和面向出口的经济发展战略，鼓励发展制造业与农业，使经济逐步多样化。按1974年价格计算，矿业、采掘业和制造业占国内生产总值的比重由1979年的84%降至1988年的46%。经济发展扩大了对石油和天然气的需求，油气产业仍然是文莱的经济命脉，农业逐步萎缩，服务业发展有所扩大，但占国内生产总值（GDP）比重仍然较低，维持在1%左右。情况表明：发展迅速的服务业大多与石油和天然气工业相关联，而农业和制造业则依然落后，因此，国内所需的粮食、食品、工业消费品、生产设备、原材料和中间产品大部分仍依赖于进口。

1994年，文莱启动多元化发展战略，积极鼓励经济多元化，提倡发展油、气以外的经济发展，主线是调整单一经济结构，减少油气产业比重，实现“进口替代”。该战略最初（20世纪80年代中旬至90年代初）重点是发展工业和农牧业。20世纪90年代中期转向资本再生开发，即进行海外投资，推动国内中小企业发展等。因成效不大，文莱于2003年起转而实施“双叉战略”：利用深水港优势，建设大型货物集散港口，并以港口建设带动基础设施建设；建设工业园区，发展制造业、金融业和其他服务行业。到2008年，文莱首相署经济规划和发展局发布《文莱长期发展规划（2035远景规划、2007—2017年发展战略和政策、2007—2012年国家发展计划）》，该规划提出，到2035年，文莱将拥有最高国际标准的良好教育，达到充满活力的可持续发展经济，定下了人民生活质量进入全球前十、人均收入进入世界前十的“双十”目标。

一、经济发展第一阶段（1950—1984年）

从20世纪50年代开始，文莱政府试图将国家经济纳入计划发展轨道。在1950—1984年间，文莱共实行了4个五年国家经济发展计划。

第一个五年国家经济发展计划（1953—1958年）。文莱政府拨款1亿文莱元，主要任务是进行一系列基础设施建设。如建设现代交通网，兴办学校、医院、电讯、码头、办公楼、警察营房和社会福利事业等，兴修农田水利、上下水道、排涝工程。通过执行该计划，文莱的基础设施、交通运输和公共事业等有了较大的发展，为文莱今后的经济发展打下了良好的基础。

第二个五年国家经济发展计划（1962—1966年）。该计划目标是：加强和促进本国的社会经济发展与提高本国国民文化水平。计划国民生产总值增长6%，国民年均收入提高4%。该计划包括14个项目，其基点仍然是努力改善电力、交通和电讯等各项基础设施；增强工业设施，整顿教育制度和改善公共事业；发展农业，扩大水稻种植面积以增加农作物产量。该计划完成时，取得良好效果，年平均经济增长率为6.6%，比原计划提高0.6%，但计划中国民年均收入提高4%的目标未能达到。

在1967—1974年间，文莱没有制定和实施明确的国家经济发展计划，经济发展较平稳。1973年爆发的世界石油危机，国际市场油价猛升，使得以出口石油为主的文莱的外汇收入急剧增加，经济发展骤然加快。

第三个五年国家经济发展计划（1975—1979年）。该计划的主要目标是达到充分就业，通过促进农业和制造业的发展实现经济多元化，改变高度依赖石油和天然气的单一经济结构，大力吸引外资和私人资本，用于基础设施建设和制造业发展，以达到年均6%的经济增长率。“三五”期间，计划投资12.13亿文莱元，约为9.3亿美元（按1美元=1.3文莱元的现行汇率计算，下同），其中政府投资5亿文莱元，私营企业投资7.13亿文莱元。这些资金主要用于国防、交通运输、电话、通讯广播、教育等领域。在计划期间，由于受国际石油价格上涨的影响，文莱获得了丰厚的收入，经济发展形势良好，超过了计划中年均6%的经济增长率，私人资本投资增加。但该计划确定的经济多元化目标最终没有实现，农业在国内生产总值中比重仍然偏低。

第四个五年国家经济发展计划（1980—1984年）。该计划明确提出，要以实现经济结构多元化，减少对石油和天然气的过分依赖作为国民经济的发展方向。特别强调发展以农产品和林产品为原料的加工业，同时重视发展以非油气矿物为原料的制造业，继续推进工业园区的建设。“四五”期间，由于国际石油市场价格下降和文莱石油产量的减少，文莱的国民生产总值有所下降。

文莱在经济发展的第一个阶段期间，建成了一批重要的公共基础设施和社会福利设施，开始实现经济多元化，使文莱的社会面貌发生重大变化。

二、经济发展第二阶段（1984—1995年）

在经济发展的第二阶段，文莱实行了两个五年国家经济发展计划。1984年文莱取得独立后，开始制定第五个国家经济发展计划（1986—1990年）。同时开始实施文莱20年长期规划。

第五个五年国家经济发展计划（1986—1990年），该计划规定了以下目标：①积极鼓励外资进入，发展新的出口导向型和进口替代型工业；②最大限度地、有效地利用国内资源；③保持充分就业和提高生产发展水平；④鼓励和培养马来族公民成为工商企业领导人；⑤继续促进非石油部门的发展，努力实现经济多元化。“五五”预计投资37亿文莱元。在此期间，由于国际石油市场价格好转，文莱逐渐扭转了经济持续下滑的局面，国内生产总值（GDP）开始回升，非石油天然气加工业、农业和渔业等部门的生产也得到了一定程度的发展，但还没有达到基本自给的指标。因此，经济多元化的进展成效不大。

第六个五年国家经济发展计划（1991—1995年）。该计划提出在保持石油和天然气工业发展的同时，加强对人力资源的开发和加快制造业的发展，积极鼓励私营企业发展。“六五”期间，宏观经济控制良好，发展相对平稳。根据国内和国际经济形势的变化，文莱政府进一步推行“产业转型”政策，以求改变过分依赖石油、天然气开采的单一经济格局，逐步增加非石油产业在国民经济中的比重。文莱政府实行的经济多元化政策主要有：

1. 大力发展石油、天然气的下游产业及能源工业，如炼油、液化天然气、化肥、塑胶、化工原料产业；对公共服务业和建筑业加大了资金投入。

2. 扩大粮食和蔬菜的种植面积，增加牛、羊、鸡、鱼、虾的养殖及蛋、奶的生产，增加食品的自给率，减少食品进口。

3. 鼓励国内外商人在文莱投资、经商，促进中小型企业、私人企业和商务部门的发展，允许外资在高科技和出口导向型工业项目拥有100%的股权。

4. 推进私有化，逐步将政府管理的电讯、邮政、水电、交通等公共服务部门私有化，以提高服务质量和办事效率，减少政府财政负担。

经济多元化政策实施后，取得可喜的成果，1995年文莱经济增长率为5.7%，是文莱10年来经济表现最好的一年，财政和国际收支状况较好，经济明显回升。非油气部门对国民经济贡献增大，制造业开始发展，私营企业、民营企业也崭露头角。与此同时，文莱的基础设施也有所改观，银行、保险、餐饮、旅馆、交通、通讯、批发、零售等服务行业也有了比较长足的发展，医疗卫生、环境保护、社会福利等方面都得到改善，人民生活质量不断提高。

经济发展第二阶段，也是文莱独立后，经济发展的过渡期。在这期间，文莱经济取得了良好的发展，为文莱进一步提高国民经济打下了坚固的基础。

三、经济发展第三阶段（1996—2005年）

在“六五”计划取得显著成就的基础上，文莱政府着手制定和施行“七五”计划。但在此期间，受东南亚金融危机和石油价格下降的影响，使文莱的经济发展严重受挫。

第七个五年国家经济发展计划（1996—2000年）。该计划继续以不断提高人民生活水平，加强基础设施建设，加快实现经济多元化进程，争取更大的经济发展成就为主要战略目标。主要内容有：改善人民生活质量；充分利用国家资源；重视发展非油气部门；加快人力资源开发，以满足国家日益发展的尖端工业项目的需要；保持充分就业和提高生产力水平；维持合理的通货膨胀率；树立严守纪律、自力更生和互相关心的良好社会风尚；鼓励和培养更多的当地马来人成为工商界的领导人物；保持清洁和有利于人们健康的生活环境。

“七五”计划更多地考虑到未来5年国家将要面临的挑战和机遇及为迎接21世纪做好准备，更多突出非油气部门的作用，鼓励私营企业更多地参与国家建设，更加重视教育与培训，特别是对高科技人才的培养，倡导提高全国人民素质，增强忠诚、奉献、勤奋、合作、关怀他人的美德，加强创造性与责任感，强调社会经济均衡发展，重视加强环保意识。

“七五”推行的前两年，取得有效成果。但1997年爆发的东南亚金融危机给文莱的经济造成巨大冲击。国际石油价格下跌，使文莱的外汇收入大幅减少，建筑业、汽车销售业、零售业、房地产业和旅游业一度受创。为应对金融危机，抵抗外来冲击，文莱制定了刺激经济复苏的短期策略和确保经济可持续发展的长期战略，并提出了具体的行动计划：

1．经济复苏的短期策略：增加关键领域的开支，如公共房屋建设、小型旅游设施建设、信息技术基础建设和培训计划等。

2．确保经济可持续发展的长期战略：继续贯彻政府推行的经济多元化的策略为基础，进一步强化政府的财政机制，加强私营领域和巩固经济增长的基础。

3．强化财政机制的策略：通过明确优先发展领域和减少浪费，控制政府开支；通过私营化，缩小公共领域规模；通过扩大税收范围，逐步取消政府补贴，加强政府收入的基础。

4．加强私营领域的策略：通过私营化和外国投资，扩大私营领域的规模，简化影响私营企业的政策和程序，鼓励国内外投资；通过提供融资便利，发展本国中小企业；通过确保政府能及时支付款项，为私营领域的资金流通提供方便。

5. 巩固经济增长基础的策略：加强法制建设，以适应时代的需求；加强人力资源的开发和应用；在公营和私营领域开展提高生产力的运动；通过公营和私营部门的投资，建立一流的通讯和信息技术基础设施。

根据上述策略，文莱的工作重点主要集中在以下四个方面：一是促进中小企业的发展，恢复私营领域的活力；二是大力发展旅游业；三是加强金融服务，实行经济对外开放政策；四是加大人力资源开发的力度，强化创业技能培训。这些措施的实施，使文莱的经济逐摆脱东南亚金融危机的影响，并取得良好成果，1999年文莱的经济增长率由1998年的负增长上升至增长3.1%，随后文莱经济保持平稳增长。

表2-1 “七五”期间文莱国内生产总值（GDP）及增长率

年份	1996	1997	1998	1999	2000
GDP（亿文莱元）	72.13	77.17	67.8	77.97	103.46
GDP增长率（%）	1.0	–1.5	– 0.6	3.1	2.8

资料来源：文莱首相署经济计划与发展局。

注：按1990年不变价格，下同。

第八个五年国家经济发展计划（2001—2005年）。该计划的指导思想是：①在21世纪的头五年，文莱在投资、全球化、信息技术发展和公司化管理等方面将面临新的挑战和机遇，需要利用一切可利用的机遇，将重点放在可持续发展上。②私营部门要通过一些政府机构和服务行业的私营化和商业化，扩大和加速参与经济的发展力度，并在其中发挥经济增长的引擎作用。③通过发展人力资源、信息和通信技术，调整和应用科技，扩大增长点，提高效率和生产率。

“八五”计划强调实现两个重要目标：启动“七五”计划结束时停滞发展的经济和达到1986年开始实施的长期发展目标，即年均经济增长率达到5%～6%。在2001年公布的国家第八个发展计划中，原油和液化天然气将继续成为主要出口产品，以保障收支平衡。同时，文莱政府将努力促进经济增长以便使出口多元化；发展和设立非石油工业以拓宽出口基础；建立出口促进中心，提升国内新产品质量以便与外国产品竞争。2002年，文莱政府将拨款10亿多文莱元力促文莱私营部门和工商业的发展。发展部公共劳动处列出了60多项发展计划，在这些计划中，文莱的建筑业得到很大发展。但受全球经济放缓影响，按1990年不变价格，2001年的经济增长缓慢，GDP增长率有所下降，为2.7%；2002年逐渐恢复，增长率达3.9%，“八五”期间，文莱经济年平均GDP增长率为2.1%。

表2-2 “八五”期间文莱国内生产总值（GDP）及增长率

年份	2001	2002	2003	2004	2005
GDP（亿文莱元）	100.35	104.63	114.24	133.06	158.64
GDP增长率（%）	2.7	3.9	2.9	0.5	0.4

资料来源：文莱首相署经济规划与发展局。

注：按1990年不变价格。

四、经济发展第四阶段（2006年至今）

2006年文莱政府制定第九个“五年国家经济发展计划”（2006—2010年）和今后经济发展30年长远规划，其核心任务是实现经济的多元化发展。

在“九五规划”里，文莱政府加大了经济多元化的实施力度，对已经开始实施的经济多元化项目给予更多的金融倾斜和政府支持，积极开展招商引资工作，出台了一系列鼓励措施，支持如油、气等中下游企业，制造业，旅游业，服务业等经济多元化重点领域的发展。

2008年文莱受全世界粮食危机和次贷危机影响，经济增长略有下降，但由于政府采取积极有效的应对措施，保持了政治社会稳定。同时雄厚的经济基础，使文莱的经济仍然保持了低增长率，其主要经济指标：国内生产总值（GDP，按购买力平价计算）为203.98亿文莱元，人均国内生产总值（人均GDP，按购买力平价计算）为5.13万文莱元，失业率为2.7%。2009年，文莱不仅克服了罕见的洪灾和甲型H1N1流感侵袭，并且在实现粮食自给和改善国民福利等方面采取了积极举措，由于受国际石油价格持续走低的影响，文莱继续实行石油产量限量措施，油气产业和非油气产业收入缩水，国内生产总值（GDP）负增长1.2%。进入2010年来，文莱政府将继续致力于提高国民福利，营造宽松环境鼓励民众创业。2010年文莱经济逐渐复苏，全年国内生产总值（GDP）小幅增长1.1%，亚洲开发银行预测2011年的增长率为1.5%[①]，增长动力主要来源于油气产业。

表2–3 “九五”期间文莱国内生产总值（GDP）及增长率

年份	2006	2007	2008	2009	2010
GDP（亿文莱元）	182.26	185.12	203.98	151.35	165
GDP增长率（%）	4.4	0.62	0.4	–1.2	1.1

资料来源：IMF统计，其中2009和2010年为估计数据。

注：按1990年不变价格。

①联合日报在线网站：http://www.eunited.com.my

第二节 第一产业

一、农业发展

（一）基本情况

文莱属热带雨林气候，传统农作物以水稻为主，也生产少量蔬菜和水果。第二次世界大战以前，文莱水稻生产完全自给，并有部分出口。20世纪70年代以来，随着文莱石油、天然气产业的崛起和公共服务业的发展，当地很多农业人口弃农转行，传统农业受到很大冲击，农业发展总体水平落后，规模萎缩。

近年来，由于政府加大对农业的扶持力度，农业有了较快增长。2010年年初，文莱农业局发表的统计资料显示，2008年文莱农产品创造国内生产总值逾2.25亿文莱元，占国内生产总值（GDP）的1.1%。来自中国、菲律宾等国的投资商也与文莱合作种植水稻，试种广西玉林水稻、莱拉水稻等种类，以实现文莱大米自给自足计划。预计到了2023年，农产经济效益将增至27.17亿文莱元，其中，18.5亿文莱元来自加工项目，另外8.67亿文莱元来自非加工项目。根据文莱农业局统计数据，2008年国内主要农业产品中，蔬菜产量13,055.8吨，水果产量3,484.6吨，大米产量911吨。

（二）水稻种植情况

据文莱农业局统计，2007年，文莱国内大米消费累计31,241吨，其他粮食累计消费11,500吨，大米在国内粮食市场中占主导地位。目前，文莱进口的大米97%来自泰国。政府对国产大米市场价格实行补贴和管制政策，国内市场上国产大米售价远高于进口泰米售价，以提高大米的自给率。近年来，文莱国内大米产量虽有所增长，但远不能满足市场需求，具体水稻种植情况如下：

表2-4 2000—2008年文莱水稻产量（单位：吨）

年份	2000	2001	2002	2003	2004	2005	2006	2007	2008
产量	299	350	372	547	621	851	895	983	911
进口量	24,388	29,701	29,997	29,609	30,126	30,210	30,186	30,259	36,000

资料来源：文莱农业局；2008年水稻进口量数据来自美国农业部。

从1994年起，文莱启动经济多元化发展战略，着眼于国家持久发展，积极鼓励和支持油、气以外的经济发展，以调整单一经济结构，减少油气产业比重，实现经济的多元发展。为调动农业种植积极性，文莱政府于2004年开始实施扶持计划，着力改善农业基础设施，提供半价化肥、杀虫剂以及咨询服务等。在该政策支持下，文莱农户数量和稻田面积分别从2004年的214户、757公顷增加到2007年的549户、1,355公顷。

（三）文莱农业发展新动向

文莱对国内市场大米供应实行价格补贴政策，近期以来的全球粮食供应危机和国际市场粮食价格飙升对文莱冲击较大，高额粮价也加重了政府财政负担，粮食安全已成为文莱面临的重要社会经济问题，引起文莱高层的高度关注。

2008年7月，文莱苏丹呼吁加强国家粮食安全意识，提高国内稻米等农产品的自给率，强调要制定国家粮食安全战略和农业发展政策，确保国家粮食供应。2008年8月，文莱苏丹任命原能源部长叶海亚为工业与初级资源部长，加大经济多元化推进力度。2009年文莱推出促进农业增长五项措施：①基本鼓励政策：加快引进和推广新技术，提高农业产量；鼓励在农业领域与外国企业开展合资合作；政府在土地、基础设施及病虫害控制等领域加大投入。②特别鼓励政策：对农业物资继续提供价格补贴，种子、化肥、杀虫剂、除草剂、农业机械等基本农业物资均可获得政府50%的价格补贴。③农业扶持补贴：根据第五个“五年发展规划”中的“水稻价格扶持计划”，继续采用补贴价收购国产水稻；对商业化蔬菜种植农户提供设备支持；由农业发展服务部门为企业提供技术服务，包括兽医服务、食品卫生及安全服务等。④市场促进计划：推动农产品的国内销售和对外出口，指导农户科学安排生产计划，合理利用市场工具。⑤企业拓展计划：对为国家农业发展做出贡献的企业进行鼓励和支持，包括增拨用地，改善基础设施等。

根据文莱农业局发布的数字，截至2009年底，文莱的大米自给率仅为6%左右。文莱工业与初级资源部农业局提出了到2010年将水稻自给率提高到20%的目标，并开始着手制订短期、中期和长期农业发展规划，文莱财政部已增拨预算发展农业，并积极寻求国际合作。

二、渔业发展

（一）基本情况

文莱地处东南亚中心位置，海洋渔业区内有丰富的渔业资源。文莱海岸线沿岸覆盖有18,418公顷的在东南亚内保存最好的红树林，并有大量的虾苗和鱼苗繁殖。文莱海域没有污染，又无台风、地震等自然灾害袭击，非常适宜开展海洋捕捞和鱼虾养殖。自文莱于1983年1月1日宣布将200海里的水域设定为专属经济区后，文莱渔业取得了迅速的发展。2008年文莱渔业总产量为16,965.2吨，其中捕捞量为15,576.3吨，水产养殖量为566.4吨，加工量为822.6吨。但目前文莱水产品需求约有50%的缺口，需要通过进口解决。根据文莱渔业局估计，文莱国内的渔业年均增长率为17%，其渔业发展潜力巨大，估计保持在每年2亿文莱元的水平。预期到2023年，文莱渔业产量可达4亿文莱元，为1,500多人提供就业机会。

（二）水产养殖业

文莱位于热带，天气和地理环境良好，其海域不受工业及其他农业污染，非常适合各项水产养殖活动，水产养殖业在文莱已越来越受重视。近几年来文莱政府发展计划政策的方针也大力鼓励更多人投入水产养殖，除供应国内市场，也向外国出口。另外政府也欢迎外国投资者到文莱投资水产养殖业。为加速各项水产养殖发展计划，政府将沿海几个地点规划成水产养殖区，提供基本建设如道路、工业电流、电机、饮用水供应及土地申请，加快养殖园建设进度，吸引国外投资和先进技术。

2010年10月，文莱政府生态水产养殖园（Eco-Aquaculture Park）项目建成。该项目位于都东县双溪巴古（Sg Paku），占地40公顷。生态水产养殖园主要供国内及外国投资者使用最新的养殖技术，如室内免换水生态循环养殖系统（Ecological Recirculation Aquaculture System，简称ERAS），养殖石斑鱼等高价鱼类，再以活鱼输出方式供应国际市场，如中国的大陆、台湾和香港。生态水产养殖园预计年活鱼生产能力约5,000吨。

1. 海虾养殖

文莱养虾工业园项目位于都东县德里塞的双溪本扬当（Sg Penyatang），占地459公顷，由文莱工业与初级资源部投资。据渔业局介绍，工业园的200公顷将被用来以封闭式再循环海水鱼道技术养殖大草虾。预计年产量1,450吨，供应美国、欧洲和日本市场。

根据文莱渔业局预测，水产养殖业的潜在价值为每年7,100万文莱元，主要的养殖品种为海虾，其他包括在海湾水域养殖活动的海上浮网箱海鱼养殖、淡水鱼养殖、观赏鱼养殖及食用鱼养殖。

小贴士

墨西哥蓝虾

文莱政府大约在1999年开始重视墨西哥蓝虾养殖的计划，并以高薪聘请来自美国夏威夷的水产专家在文莱政府渔业局虾苗繁殖场从事培育墨西哥蓝虾的研究，经过几次生产繁殖，结果证明墨西哥蓝虾可在热带的地理环境繁殖，而虾苗在热带的池塘生长也很快。文莱政府虾苗繁殖场以高价从美国引进数以千计墨西哥蓝虾的SPF种虾，培育虾苗供应各养虾户。

墨西哥蓝虾在亚洲的养殖面积较小。到目前为止，也只能在文莱找到墨西哥蓝虾。墨西哥蓝虾学名为Litopenaeusstylirostris，其天然产地在大西洋墨西哥附近海域，体长可达20厘米，比老虎虾小，比南美白虾（Litopenaeusvannamei）则大许多，体呈蓝色，因此称墨西哥蓝虾。外形很像文莱本地白虾Penaeusindicus或Penaeusmergeuensis。在热带的池塘养殖比本地白虾生长快。文莱的养虾户也把墨西哥蓝虾当本地白虾出售。文莱人称为Udangrostris，市价每公斤文币10~12元之间。

目前文莱的养虾场总共有13家，养殖面积161顷，墨西哥蓝虾的放养量占约30%，其他为老虎虾,据渔业局统计，2005年全年生产了493吨的墨西哥蓝虾和老虎虾，售价文币395万元。文莱只有一间冷冻厂，只能收购部分成虾，大部分的收成都卖到沙巴。

文莱的虾苗繁殖场只有一间，生产量有限，养殖户常面临虾苗供应短缺的困扰。目前渔业局也开放虾苗进口，大多数虾苗由大马的吉打和柔佛州虾苗繁殖场提供。

文莱的海水虾养殖区分别着落在3个地点，即：Sibabau、Telisai和Danau。这些地区是文莱政府规划好的水产养殖区，提供了良好的道路、工业电流、日常用水、电机设备及进水沟。其中位于Sibaball的Kamalia养虾场总共开发了22个池塘，每个池塘面积4,000平方米，水深1.5米，一个大型蓄水与消毒池，全部共享一大型进水沟。文莱养虾场的劳工主要来自孟加拉、菲律宾和印度尼西亚，而技术人员来自菲律宾、印度尼西亚和泰国。

2. 螃蟹养殖

将小螃蟹每公斤10~12只放入红树林沼泽地开发的池塘，以什鱼作为饵料，经2~3个月养殖至每公斤4~5只便可捕捉出售。螃蟹生长快，体重100克蜕壳后，便增至130克。每隔18天蜕壳一次，是一项利大本小的养殖业，但仅适于家庭式养殖。

文莱政府曾聘请了外国专家到文莱沿海地区各养殖场研究附近红树林生态情况，作为日后大事发展水产养殖施政的方针。政府也曾委任一间环境土壤探测咨询公司，进行一项为期几个月的对各海域养殖场做一详细的水质及土质测定工作。水质分析包括旱天和雨季在各养殖海域进行物理因素的调查，如养殖区水质的混浊度、温度、海流涨潮退潮速度；水质化学因素的pH值、溶氧、硝酸盐、磷酸盐、氨、盐度、生物耗氧量（BOD）、重金属如水银等；水质生物因素包括各类浮游生物，如赤潮双鞭毛藻等等。另外也分析养虾排出的池塘废水的各种化学成分。

3. 海鱼养殖

文莱的海湾水域上浮网箱海鱼养殖分别位于Buang Tawar、

Keingaran、Sg Bunga和Anduki的海域。这些养殖区地理环境非常优良，风浪不大。文莱在这些不同海域所养鱼品种包括金目鲈、红曹、红鸡、白鱼、金鲳、银鲳、老虎斑、老鼠斑和青斑。文莱的五星级旅馆酒楼餐室都喜爱选用网箱海鱼养殖的品种作为喜宴，因人工养殖的海鱼体重均一，新鲜度及质量上等，是五星级酒楼名厨烹饪料理的好海鲜。

文莱海上网箱的设计为浮排木架四方3米×3米×2米和5米×5米×2米。截至2010年，文莱海上网箱海鱼养殖作业者总共35家，每家养殖户30~80个浮网，浮网箱总数1,225个，其中3家华裔文莱居民。养鱼的投喂饲料为鲜什鱼。每副浮网箱的放养密度介于20~25尾。一般8~10个月便可达市场规格每尾600~800克。据文莱渔业局统计，2004年文莱生产海鱼量为95吨，全供内销。

目前，文莱鱼苗供应只依靠文莱渔业局一间繁殖场生产鱼苗，技术人员教育水平很高，政府鱼苗繁殖负责人都是从外国知名度很高的大专院校毕业。近年来，文莱渔业局也开放了外国鱼苗进口，主要来源于中国台湾、泰国、新加坡、马来西亚及印度尼西亚。国内一些渔夫也捕捞天然海域的鱼苗出售，售价为每尾文币100元。

4．淡水鱼养殖

文莱淡水养殖面积只有16公顷，作业者90家。2004年文莱渔业局统计，全年总生产110吨淡水鱼。淡水鱼品种如土杀、八丁、红非洲鱼、鲤鱼及白须公很受消费者的钟爱，是廉价且营养价值高的食物。一些马来西亚餐馆中，酸辣土杀鱼、咖喱八丁、干煎黄姜红非洲鱼是非常受欢迎的菜式，因此文莱每个月淡水鱼消耗量约10吨。

文莱淡水资源丰富，政府也鼓励养殖生产观赏鱼如日本锦鲤、金鱼及其他胎生品种。出口价值高的金龙鱼及当地特有的Bettamacrostoma鱼也是政府鼓励的养殖品种，主要供外销。

（三）渔业发展新方向

文莱政府制定了一系列的优惠政策鼓励开发商业渔场和海水养殖场，鼓励外资与文莱本地公司开展渔业和海水养殖业合作，希望凭借得天独厚的地理位置，将文莱建成区域海产品加工中心和海产品批发及进出口中心，渔业相关投资项目和企业可以享受免税等优惠待遇。作为主管部门，文莱渔业局不断推动海产品加工业的发展，积极鼓励包括在渔船靠岸港附近建设鱼类储存及批发中心和地区海产品进出口中心等产业发展的开发项目。

三、林业

（一）基本情况

文莱的森林总面积为46.8万公顷，森林覆盖率为81.4%。文莱有72.3%的森林保持原始植被状态，59%的国土覆盖着原始林。森林类型分为原始林面积34万公顷（其中红树林1.8 万公顷、淡水湿地林1.3万公顷、泥炭湿地林9万公顷、灌木林0.3万公顷、龙脑香混交林19.3万公顷、山地多雨林0.7万公顷、混合类型1.6万公顷）和次生林12.8万公顷。主要树种有棱柱木、指茎野牡丹、黄牛木及娑罗双等，它们可构成混交林、娑罗双纯林（树高45~60米、胸径0.4~0.8米，平均每公顷蓄积量高达440立方米）。灌木林主要是贝壳杉纯林，现已确定为保护区。其次是木麻黄林、低地辐射松林。文莱大部分地区是海拔400米以下的低地，低地龙脑香林的树种很多，主要有库氏娑罗双、漏斗苣苔、龙脑香、喃喃果等属的树种。目前，文莱全国共有7个森林公园，总面积约4,000公顷，当局计划自2010年开始把森林公园总面积扩大至4,500公顷。

（二）林业机构和林业政策

文莱林务局归属产业资源部，下设营林署、林业中心。林业在国家开发计划中占有重要的位置，列入国家开发计划的战略课题有：①采取各项措施将应保护的森林面积从23万公顷增加到33万公顷（约增加40%）；②提高森林抚育管理技术；③为搞好造林，开展以选定最佳造林树种为目的的森林资源调查；④改进采伐及制材方法；⑤普及有效且高附加值利用木材的技术；⑥利用劣质木材加工单板、胶合板；⑦引进纤维板制造技术，有效利用制材加工剩余物。

文莱的森林全部是国有林，国有林完全由林务局管辖，分为防护林、生产林、游憩林、保护林、自然保护区和科研林。政府规定国有土地（包括次生林、采伐迹地、荒地）的开发利用要从社会效益和综合利用的观点出发，凡属国家开发计划范围内的开发用地都必须经有关部、局审批。1978年颁布的《野生生物保护法》规定，禁止对34种野生生物狩猎和出口。

（三）人工造林

到1993年，文莱造林1,000公顷，并为实现人工造林总面积4万公顷而努力。将来计划以生产人工林木材为主，逐渐停止天然林采伐，搞好防护林、保护林建设。文莱林业中心拥有年产20万~30万株苗木的现代苗圃，生产造林用苗。主要造林树种有加勒比松、金合欢、马刺甲合欢、南洋杉、树状黄牛木、大叶团花、大叶桃花心木等。

（四）天然林经营

文莱的天然林作业方式采用的是马来西亚试行的改良型择伐作业法（SMS）。该法是由传统的马来西亚式热带雨林渐伐作业法（MUS）改进而来，即将胸径48.5厘米以上的龙脑香科树木伐掉，然后切蔓、清除林下灌丛，30年后再次采伐。但此法的最大问题是投入成本过高。由于文莱的天然林作业历史较短，加上采伐前后的详细记录数据不足，因此，采伐后的更新情况及树木生长环境的变化等都不是很明确。

（五）木材生产

由于经济富足，文莱不需要开发热带林以换取外汇。因此，木材生产全部用于本国建设及家具业，原木、锯材、胶合板等木材产品均禁止出口。伐区建有移动式简易制材厂和木材加工厂，据文莱首相署经济规划与发展局统计数字表明，2008年文莱原木产量约9.92万立方米，薪材和木炭2.97万立方米，锯材和薄板材3.97万立方米，其木材量的生产总值约为3,400万文莱元。为了避免无节制的伐木活动破坏森林生态，文莱政府严格管制伐木活动，包括规定伐木活动在进行之前，必须向当局提呈一份详尽的环境影响评估报告。由于限伐木桐，文莱需依赖外国木材进口以供应国内各领域发展需求。目前，文莱每年从国外进口的各类木材产品总值约3,100万文莱元。

第三节 第二产业

一、石油

文莱以“东方石油小王国”著称，天然气和石油是其两大经济支柱，使其成为当今世界上最富裕的国家之一。文莱在全球能源市场中拥有重要地位的原因有三：其一，文莱每天出产原油20万桶，其中出口石油量达到19万桶左右，是东南亚地区第四大产油国，仅次于印度尼西亚、越南和马来西亚；其二，文莱是亚洲第三大液化天然气生产国，是世界第四大天然气出口国；其三，文莱位于连接南中国海和印度洋以及太平洋的海峡附近，海运方便。

据美国《油气杂志》统计数据显示，截至2006年1月1日，文莱拥有探明原油储量13.5亿桶。2008年文莱的石油产量为17.5万桶/天，相对2006年产量下降4.4万桶/天，但石油价格相对2006年上升45%，从而避免了文莱石油出口收入的严重萎缩。

文莱的石油生产始于1929年，当时在文莱发现了一个储量丰富的陆上油田——诗里亚油田。1950年，该油田的石油产量稳定在11.5万桶/天。文莱石油产量的峰值出现在1979年，约为24万桶/天，但政府为了延长油田的开采寿命和提高石油开采率，减少了石油产量。1981—1985年的石油平均日产量约为17万桶。进入21世纪以来，世界各国经济飞速发展，加大了对石油的需求量，文莱日产原油稳定在20万桶左右，但在2007年下降到20万桶以下。

文莱的石油工业完全受文莱壳牌石油公司（BSP）控制。BSP在文莱有12个油田，共有约772口油井，其中9个为海上油田，包括Champion油田（约占文莱石油储量的40%，石油产量

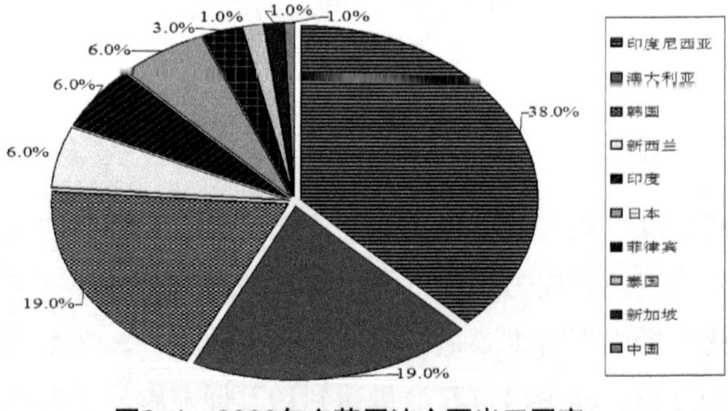

图2-1　2008年文莱原油主要出口国家

资料来源：文莱首相署经济规划与发展局 BDKI 2009。

为5万桶/天）、Southwest Ampa油田（文莱最老的油田，拥有文莱天然气储量和产量的一半以上）、Fairley油田、Fairley-Baram油田、Gannet油田、Magpie油田（自1977年开始生产，当前产量为1万桶/天）和Iron Duke油田等等；同时还有3个陆上油田：Rasau油田、Seria-Tali油田和Egret油田。

石油和天然气是文莱经济的两大支柱，也是其出口创汇的最主要来源，其生产石油的95%以上、天然气的85%以上用于出口。近几年来，其石油天然气工业产值占国内生产总值近60%，石油天然气出口额占总出口额的90%左右。2008年文莱石油的主要消费国包括印度尼西亚（38%）、澳大利亚（19%）、韩国（19%）、新西兰（6%）、日本（6%）、印度（6%）和菲律宾、泰国、新加坡、中国等国家。

二、下游炼制业

文莱唯一的炼油厂，由BSP公司拥有，由BLNG经营，该炼油厂的处理能力为8,600桶/天。大约有5,000~6,000桶/天的炼油产品用于国内消费，主要产品包括汽油、润滑油、航空汽油、沥青和瓶装气。

三、天然气

2008年文莱共生产约1,182亿立方英尺的天然气，其中BSP生产的天然气占90%，剩余10%的天然气由道达尔公司生产。

文莱在1972年时就成为亚洲第一个液化天然气（LNG）出口国，同时也是全球第四大天然气生产国和东南亚第三大天然气生产国。由壳牌（25%）、三菱（25%）和文莱政府（50%）三方组建的文莱天然气（BLNG）合资公司在公司下属的Lumut LNG工厂生产天然气。该工厂每年生产天然气3,300亿立方英尺

（约700万吨）。BLNG正在实施扩大生产能力的方案，计划到2008年前在其现有的5条生产线的基础上增加一条1,940亿立方英尺/年的天然气生产线。

除了出口外，文莱还计划使用天然气来发展石化产业和能源产业。文莱政府已与美国铝生产商Alcoa公司在2003年9月签署一份谅解备忘录，共同研究在文莱新工业园新建一座投资达15亿美元的铝熔炼厂。2004年又相继签订了建设以天然气作为原料的化肥厂和甲醇厂的备忘录。作为这些工厂的配套工程，还将建设一座以天然气为燃料的发电站。

当前，文莱天然气的主要出口国是日本，约占85%，两国于1993年签订了为期20年的天然气出口合同；其次是韩国。2008年文莱出口天然气总值666.7亿文莱元，其中出口日本597.5亿文莱元，约占90%；出口韩国69.2亿文莱元，占10%。（如图2–2所示）

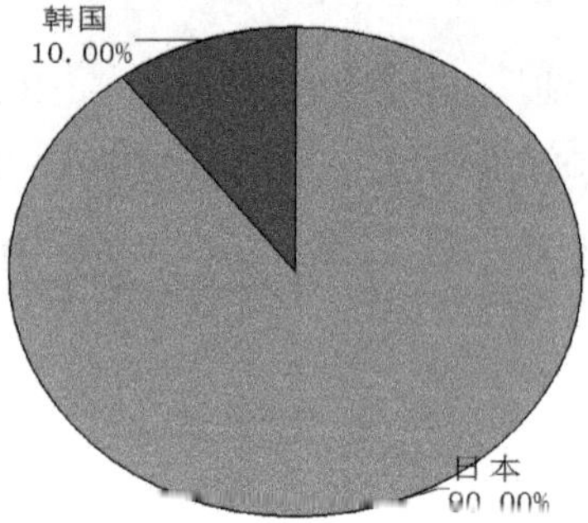

图2–2　文莱天然气主要出口国

资料来源：文莱首相署经济规划与发展局 BDKI 2009。

四、工业区建设

为改变国民经济过度依赖油气资源的局面，文莱政府积极推行经济多元化战略，其中一个重要的方面就是扶持中小企业发展，尤其是制造业在文莱的发展。1989年，文莱政府设立工业和初级资源部（Ministry of Industry and Primary Resources），负责推动工业化进程，其属下专门设立了文莱工业发展局（Brunei Industrial Development Authority），其主要职能就是在文莱建设工业园区（Industrial Site），吸引投资，发展制造业。

工业区的规划和建设，由文莱工业发展局统筹实施。一般程序是由工业发展局向发展部的城乡规划司（Town and Country Planning）提出用地申请，经该部进行环保、安全等综合评估后，签发用地许可，工业发展局负责土地平整、基础设施的建设。工业发展部负责区内企业的管理，提供帮助。

经过多年的发展，文莱目前已建成9个工业区，总面积422公顷（见表2–5）。目前占地108公顷的第10个工业区也正在建设当中。在文莱的4个县里，首都斯里巴加湾有6个工业区，都东县有1个，淡布隆县有1个，马来弈县有2个。在这些工业区内，基础设施一应俱全，用地都以低廉的价格提供给在园区设厂的企业，落户企业只要建造厂房即可。在园区落户的企业共有1,000多家，大部分来自马来西亚、泰国、新加坡等东盟国家的投资，全部为中小型企业，平均每家企业人数不足40人，主要从事服装制造、建材加工、食品饮料加工、电线电缆、木材加工以及家具制造等行业，吸收了约14,000人就业（多为外国劳工）。

表2–5 文莱工业区一览表

工业区	面积（公顷）	主要发展内容
Berihi I & II	47	制造业、服务业
Lambak K（West）	45	食品加工、服务业
Lambak K（East）	74	制造、服务、小型高科技企业
Salar	40	家具制造、仓储、冷库
Serasa	83	制造业和服务业

续表

工业区	面积（公顷）	主要发展内容
Serambangun	40	制造业和服务业
Sungai Bera	50	制造业和服务业
Perkan Belait	38	制造业和服务业
Batu Apoi	5	制造业和服务业
Kuala Rulah	108	轻工业、重工业
总计	530	

资料来源：文莱工业发展局。

2002年文莱经济发展理事会（Brunei Economic Development Board）提出了"双叉战略"来推动文莱经济多元化，由文莱经济发展理事会牵头组织实施双溪岭工业园和大摩拉岛大型港口项目。作为多元化战略的一个重点，"双叉战略"正在付诸实施，着重寻找并吸引外资来投资建造重要油气下游工业和基础设施。其中，在西部油气产区建设一个依托石油天然气资源的石化工业园（双溪岭工业园，Sungai Liang Industrial Park），发展油气下游产业和制造业、电力等基础设施。现有来自日本、澳大利亚等国的企业已经与文莱政府签订了合作建设甲醇、尿素厂的谅解备忘录，将落户该工业园。该项目的目标是：到2008年年底能吸引45亿美元的新投资并创造至少6,000个永久性工作职位。另外，文莱政府计划将大摩拉岛（Pular Muara Besar）建成一个适应下一代新型集装箱货轮的深水港，同时，在岛上规划设立出口加工区。2010年，该项目已完成可行性研究，正在向全球招商。

五、服装业

文莱共有17 家服装厂，其中从事出口服装加工厂有13家，2008年出口总额12.1亿文莱元。自2000年以来，服装出口一直是文莱继石油、天然气之后的第三大出口产品。但2005年生效的纺织品服装协议将不可避免地对文莱服装业带来影响，文莱已停止颁发新的服装加工厂执照。外国企业暂不能进入文莱开设服装加工厂，但可开展纺织、印染等方面的合作。

文莱的服装厂多由新加坡、马来西亚和中国香港、中国台湾的商人独资或合资设立。在文莱投资的服装厂多为跨国投资集团，同时在其他国家也设有服装加工厂，如在中国、马来西亚、印度尼西亚、孟加拉、斐济等国。目前，13家出口服装加工厂中有2家是由中国香港企业投资的，尚无中国大陆企业涉及此领域，但中国是文莱服装加工企业所需的面、辅料的主要来源地之一，因此，中国是文莱服装业发展的重要合作伙伴。文莱服装产品多为美国、欧洲知名品牌定牌生产，产品主要为休闲服、针织运动衫、T 恤、童装、衬衣等。文莱服装产品绝大部分直接或经新加坡出口到美国和欧盟。

根据世界贸易组织多纤维协议，非工业化国家可在关税保护配额下出口成衣制成品予工业化国家以促进发展中国家的出口盈利。文莱属于美国给予特别待遇的国家，多年来外国投资者已在多纤维协议出口配额名义下在文莱成立制衣厂。目前文莱工业发展局已修订了制衣厂的一些申请条件：本地股东必须持有至少30%的股份；厂方必须为工人提供良好的工作环境及配套设施；制衣厂在第一年里的本地雇员不可少于10%，第二年增加到20%。

目前文莱服装业充分利用美国综合市场优惠期，提高竞争力，美国给文莱的综合市场优惠已在2006年到期，优惠期之后，文莱就必须与其他国家在同等条件下竞争。

经过多年的发展，文莱服装业有其自有的优势，主要表现在以下几个方面：

1．良好的质量。经过多年的发展，文莱服装加工技术达到了一定水平，有了比较成熟的管理经验，从而保证了质量的稳定。

2．消费者的采购习惯。消费者对于文莱产品的信心将保证文莱服装厂今后继续获得订单。

3．文莱服装业多年来和采购商建立的良好合作关系。文莱服装厂严格遵守采购商制订的员工福利标准，基本符合社会责任标准要求，因此深得买家的信任。

4．采购商的多渠道采购安排，将使得文莱服装厂获得足够的订单。

5．文莱服装业者已经积极应对新时代的到来，将在降低成本、保持优势方面做继续努力。有些工厂也计划在保留文莱厂的同时，到其他劳动力和技术水平占优势的国家（如中国）设立分厂，以增强自身的竞争力。另外少数厂家通过采购半成品再加工的做法，一方面扩大生产规模，另一方面降低了生产成本，变相地将部分加工转移到其他国家。

6．文莱政府开始和东盟其他成员国一起寻求加强合作、共同应对竞争的办法。

六、建筑业

建筑业是文莱除油气产业外第二大产业。文莱在20世纪70年代以后凭借其丰富的石油资源迅速发展起来，建设了一批基础设施，在供水、供电、电信、交通等方面取得了前所未有的发展，也培养了一大批建筑承包企业。亚洲金融危机尤其是阿米迪奥公司破产案以后，文莱建筑市场萎缩，许多建筑企业难以为继。在2000年，文莱制订并公布了2001—2005年第8个五年发展计划，详列了8个领域的749个发展项目，涉及总金额达

73亿文莱元，约合40亿美元。这些项目包括：工业、交通和通讯、社会服务、公共建筑、公共设施、安全、信息技术和其他综合项目。749个项目中由发展部门直接负责执行的有362个，由发展部替其他部门执行的有236个，这些项目包括学校、政府建筑和基础设施，其余的项目则由发展部协调其他部门执行。文莱建筑业市场逐渐恢复，每年的工程量也在逐步上升，同时也引起了建筑企业的激烈竞争。根据文莱经济计划发展局（BEDB）公布的资料，2008年以来建筑业在文莱国内生产总值（GDP）中所占比例保持在4%左右，其中2009年总产值为4.5亿文莱元。在文莱承包工程，可以采用以下两种方式：一是直接向政府投标，投标公司必须是本地注册的公司并拥有政府颁发的建筑公司执照；另一种是向已经中标的建筑商分包。

根据文莱的有关规定，外国的建筑公司不能直接参加政府工程的投标，因此外国公司必须采取与当地公司合作投标的方式。而且由于在文莱承包工程属于带资承包，所以一些大的工程必须是有实力或有融资能力的企业才有可能参与。

七、机电产业

文莱的机电产业实行较宽松的贸易和投资政策，除酒类、军火等产品外，对包括机电产品在内的大部分产品无进口限制。

文莱采用英国质量标准，对电线电缆、开关设备、变压器、电表等少数几种产品实行强制认证，这些产品必须取得政府部门的认证后方可在市场销售。用于政府项目的各种机电设备和电器，则必须通过政府的认证，才能在工程中使用。由于文莱国内市场狭小，除石油天然气之外，其他资源匮乏，缺少熟练技术工人，政府审批程序繁琐，遇事推诿，效率较低，这些不利因素很大程度影响外来投资的积极性。另外，文莱机电产业基础除石油和天然气工业外，几乎无规模工业，制造业基础薄弱。国内企业多为中小型企业，工业设备、原料和生活资料均依靠进口。因此，机电产业是文莱政府鼓励投资的产业，目的在于引进资金和技术，扩大市场，提供就业。

第四节　第三产业

一、交通运输

（一）基本情况

文莱国土虽小，但交通运输相当发达，主要依靠公路、水运和航空。除了诗里亚到巴达斯的一小段轻便铁路外，全国其他地方都没有铁路。

公路：文莱拥有四通八达的公路交通网，道路状况良好。截至2008年，文莱拥有公路总长为2,972.1公里。其中60%为国家公路，由文莱公共工程局直接管理；30%为地方公路，由地方政府机构管理；10%为私人公司公路，多数由文莱壳牌石油公司出资维修和管理。截至2004年4月，共有注册汽车224,110辆，其中私人轿车192,127辆，货车17,967辆，摩托车7,251辆。2008年新增注册汽车20,866辆，其中私人轿车18,847辆，货车392辆，摩托车1,395辆。

水运：水运是文莱重要的运输管道，文莱出口的石油、液化天然气，进口的绝大部分货物，都是通过水运。穆阿拉深水港是主要港口，约90%的进出口货物都集中在这里。此外还有斯里巴加湾市港、白拉奕等。另有诗里亚港和卢穆港等，主要供出口石油和液化天然气使用。港口与新加坡、马来西亚、中国香港、泰国、菲律宾、印度尼西亚和中国台湾有定期货运航班。2008年共有各类注册船只334艘，各港口共装卸货物94.64万吨。集装箱堆场近年来也不断扩大，集装箱货运站的运转顺畅。

航空：首都斯里巴加湾市有国际机场，是文莱主要航空港——文莱皇家航空公司的基地。该航空公司已有10架客机，开辟了26条国际航线，飞往东盟、澳大利亚、中东、欧洲、中国、日本、中国香港和中国台湾等国家和地区。2008年客运量127.07万人次，货运量19,692.8吨；空运邮件量313.5吨。此外，在诗里亚油田附近的安达肯机场，由文莱壳牌石油公司建立，主要为海上石油开采提供直升飞机服务。

（二）交通运输发展规划

为提供安全、高效、便利的交通运输体系，文莱交通部于2008年4月推出《2008—2017年战略规划》中提出要把文莱建设成物流中心和客流中心的目标，并提出六大相关战略目标：

1. 加强政府职能部门角色转换，从原来提供服务和基础设施经营变成政策制定、管理和商业促进；
2. 支持和鼓励本地私营部门的参与；
3. 发展和充分利用基础设施；
4. 加强机构执行能力；
5. 发展有竞争力和创新能力的产业队伍；
6. 增强安全，促进清洁友好型的产业建设。

具体举措包括：在海陆运输方面，加大对交通设施的投资，改进跨境贸易和人员运输，鼓励轻型和中型汽车装配工业，支持摩拉港发展和摩拉港自由贸易区建设，把货物国际中转和物流配送作为核心产业发展，支持海运产业发展，发展与旅游业相关的运输服务；在航空运输方面，将推动更多航线连接文莱，改善机场后勤服务，升级扩建现有航站楼，兴建一个新机场，发展航空货运中心，建立文莱国际机场自由贸易区等。

二、通讯业

文莱拥有良好的通讯系统并投入巨额资金发展技术先进的通讯设备。早在1986年，文莱的电话用户就达到24,820户。1987年，德国西门子公司与文莱签订了一项承包合同，负责在文莱安装能容纳47,000部电话的线路及11台交换机。到1989年，文莱已有49,360部电话投入使用，平均每百户居民中就有20部电话。1992年4月，连接文莱和新加坡的数字光纤海底电缆体系开通，它与先期的文莱—马来西亚—菲律宾光纤电缆系统连成一体。1993年5月，文莱政府与美国电报公司签订了一项价值2,000万美元的协议，由该公司提供10部5SS-2,000大容量电话交换机，以便形成全国性数字交换网络。从1997年开始，文莱政府大力推进信息现代化建设，邮电通讯部启动了建立国家信息高速公路计划，以期使文莱成为地区贸易与服务中心。目前通讯服务主要由三家公司提供：Telekom Brunei Darussalam（TelBru）、DSTCom和B-Mobile。其中TelBru是在2006年4月由JTB改组而成，并进行了系统升级，使用微软和太阳能电话，使得偏远的农村都能使用。

近年来，随着移动网络的迅猛发展，固话业务被严重分流，据统计，仅在2002—2003年期间，文莱电信就被分流了2万用户，且导致每用户平均收入下降。另一方面，文莱电信网上设备大都已服役10~18年，设备老化严重，不但故障率高，且维护成本极高，造成运营商的服务和财政压力极大。而且，传统网络业务种类和质量停滞不前，丧失了对用户的吸引力。

为了改变这种局面，文莱电信决定通过技术革新和现网改造，建设全新的下一代网络平台，提供具有竞争力的新业务，改变现有的竞争劣势，保持并增强对用户的吸引力。于是，文莱电信在2003年3月选择了华为U-SYS来承建全国的网改工程，完成12万线话音网络和2万线宽带网络的改造任务，该工程涵盖了PSTN、宽带接入网、分组承载网、网络管理网等多个层面。文莱电信网络改造工程取得了令人瞩目的成功，成为全球第一个全网网改的商用项目。在2005年4月召开的文莱全球NGN高峰论坛上，来自全球的运营商代表对于文莱电信网络的建设和业务开展情况表示了高度的赞扬和钦佩。

截至2010年，文莱的移动电话用户已达42.63万户，平均每人拥有一部手机（2010年文莱总人口39.539万人），手机普用率居东南亚前列。文莱通过两颗通讯卫星能与世界大多数国家和地区传输电话，并提供电传和传真以及宽带业务。目前文莱有光缆连接新加坡和马尼拉，已建成蜂窝移动电话和寻呼系统，偏远地区能通过微波和太阳能电话进行通讯，还开通了3G移动试用网。

1995年，文莱开通互联网服务，目前有两个网络服务站：文莱网络（Bru Net）和Simpur.net。截至2010年，网络用户为31.89万人。

三、旅游业

（一）发展状况

文莱地理位置优越，气候宜人，树木繁盛，并以东方“威尼斯”、“和平之乡”的美誉逐渐被世人瞩目。天然的富足，浓郁的伊斯兰风情，独特的旅游资源把文莱构建成了21世纪的“天方夜谭”，金碧辉煌的金顶清真寺，历史悠久的水村，还有掩映在热带雨林中的漂流探险，为文莱发展旅游业创造了有利的条件。文莱政府十分重视旅游业的发展，将旅游业作为文莱实现经济多元化、增加外汇收入的一项重要内容和为国人提供就业机会的一项重大举措。2001年是文莱旅游年，文莱政府采取多项鼓励措施吸引海外游客赴文莱旅游。主要旅游景点有独具民族特色的水村、王室陈列馆、赛福鼎清真寺、杰鲁东公园等。

文莱真正投入开发旅游业不到20年光景，由于方向正确和国际市场大，文莱旅游业的发展开始见其效果，2006年为文莱社会带来3.15亿元的直接经济收益，对全国经济生产总额约贡献1.8%，2007年增至8.77亿文莱元。据国际旅游机构的估算，文莱在2006年有83.64万人次入境，当中约有12.28万人次属于旅客。从2005年以来，到文莱观光的外国游客人次平均每年增长9%，2010年外国游客突破20万人次，为了加快发展文莱旅游业，吸引更多外国游客来文莱观光，文莱工业与初级资源部及其他政府部门在未来的数年内将有超过20项大型工程动工，这些工程总耗资上亿文莱元，目的在于提升文莱旅游业的设施及服务，促使这种无烟工业为文莱经济多元发展带来更大的经济效益。文莱现在主要开发的旅客市场是东南亚、北亚、澳大利亚和新西兰的旅客，其中马来西亚、新加坡、日本、韩国、中国大陆、中国台湾、中国香港和澳大利亚等各地的旅客，将是文莱旅游局最基础也最主要的旅客来源。另外，发展旅游业，可以为文莱失业人口提供就业机会，减低失业率。据统计，文莱2006年有近5000人直接受聘于旅游行业活动中，2010年旅游及相关产业就业人数已超过8,000人，大大地促进了劳动力市场的发展。

（二）旅游景点

文莱主要旅游景点有水晶公园、独具民族特色的水村、王室陈列馆、赛福鼎清真寺、博而基亚清真寺等。

1. 水晶公园

水晶公园（Jerudong Park）建造时耗巨资约13亿文币，1994年正式开放，配有众多现代化的游乐设施，集美丽的自然景色和花样繁多的游乐项目为一体，堪称全东南亚最大的游乐场。据说在文莱苏丹48岁生日的时候，王妃送给苏丹一颗4,500千克的超级大水晶作为礼物，由此有了建造这座水晶公园作为送给全国人民的礼物的庞大计划。贵为富甲一方的石油王国君主，送的礼物当然不同凡响，叫人为之瞩目。

2. 奥玛尔·阿里·赛福鼎清真寺

奥玛尔·阿里·赛福鼎（Omar Ali Saifuddien）清真寺，位于Yayasan购物中心附近，它是文莱首都斯里巴加湾市的象征，是东南亚最美丽的清真寺之一。从机场前往市区的路上就可以看到这一标志性的建筑。寺庙建成于1958年，以当时苏丹奥玛尔·阿里·赛福鼎的名字命名，纪念他建国17年来的功绩。建寺所用的材料十分考究，大理石全部从意大利进口，花岗岩来自中国，彩色玻璃和枝形吊灯来自英国，地毯则从比利时和沙乌地阿拉伯进口。整个建筑巍峨高大，庄严肃穆，其巨大圆形金顶和镂空乳白色尖塔，雄伟豪迈，可供千人礼拜，是当之无愧的伊斯兰文化中心。清真寺被湖水环绕，湖面平幽如镜，一艘仿文莱古舟的石舫，浮在碧水之中，树木繁盛，构成一幅美丽的天然图景。

3. 独具民族特色的水村

文莱拥有世界上最大的传统水上村落——坎旁阿亚，面积2.6 平方公里，历史悠久，有着600多年历史，被盛赞为“东方威尼斯”。水上村庄里，房屋建筑在水上，与陆地生活相差并不大，用电和自来水、生活污水排放都安排得很好，而且还有水上学校、水上邮局、水上警局、消防局和商店，是一个“五脏俱全”的大社区。这个历经几个世纪的水上村庄依然留存着昔日的风貌，各种由石柱支撑、木板盖成的水上房屋布满了文莱河的两岸，水村拥有居民约3万人，水乡居民多为马来人，信奉伊斯兰教。在水村，男人是主要劳动力，大多从事捕鱼、修船、加工首饰或做些生意，女人除操持家务外，还常常干些绣花、编织等手工活。水村交通十分方便，个人外出可乘坐木舟、舢板，还专门设有营运码头，客船和汽艇日夜不停地运送旅客。近年来，又有更为快捷、省时的“水上的士”出现，到市区或上班，或打工，或购物，或访友……都十分方便快捷。游人可进入水村居民家中感受他们的日常生活。

4. 苏丹纪念馆（The Royal Regalia Building）

苏丹纪念馆（The Royal Regalia Building）位于斯里巴加湾市中心，建成于1992年。这座纪念馆是世界上最大的私人住所，为配合苏丹登基25周年纪念建造。纪念馆内有2,200个房间，包括清真寺、直升机停机坪、3公里的地下道以及有冷气的马房等等。整个纪念馆可以居住2,000名客人，宴会厅可以容纳400人。馆内所收集的无价皇家纪念品包括镶以宝石的王冠、华丽的传统御用战车、复制的登基大殿，二楼还展示着各国送给苏丹王的纪念品。

5. 努洛伊曼皇宫

努洛伊曼皇宫（Istana Nurul Iman）是世界最大的皇宫，是文莱苏丹的住所。据说在努洛伊曼皇宫里，有1700多个房间，是举行国宴的地方。如果想参观皇宫要在文莱的国庆节（2月23日）或在斋戒日月结束后的开斋节前往，此时开放3天，还可以趁此机会排队进去和苏丹握手。这座金碧辉煌的宫殿十分华贵，每当傍晚时刻，金黄色的宫顶和皇宫河畔都是游客取景拍摄的好地点。

6. 博而基亚清真寺

博而基亚清真寺是文莱最大的皇家清真寺。寺庙建筑上的29个金碧辉煌的园顶是为了纪念历史上29个苏丹统治的朝代，4个189英尺高的尖塔装饰着蓝色和白色的马赛克，60,000平方英尺的礼拜堂可以同时容纳3,500人，指示着麦加方向的壁龛装饰着黑色大理石和镀金瓷砖，巨大的枝形吊灯是由奥地利上好水晶和24K镀金做成，就是在室外的8个立柱顶端也装饰着许多24K金的金星。

四、餐饮业

文莱的烹饪风格多种多样，既有本地的家庭式烹饪，也有国际烹饪，可向游人提供各种美食。文莱食品的口味有点像菲律宾、泰国、印度尼西亚和中国的口味，但仍保留着马来西亚的个性，表现出典型的文莱创作特色。

当前有少量日本、阿拉伯、韩国、北印度、中国广州、中国四川和意大利的烹调口味，但可提供国际性风味的豪华正餐的餐馆也不多。随着吸引国外的直接投资和国外的旅游者力度的加大，外国侨民和旅游人数会稳步增加，餐饮业逐步扩大，以提供所需的市场规模。同时，当地居民也会加入到品尝各国口味的不断壮大的食客队伍中。

文莱的主要餐饮有：

1. 中式

中式餐馆在文莱是很好找的，在文莱斯里巴加湾著名的Pasar Gadong Market夜市有许多亚洲餐馆，包括中式、印度、泰式、日式。在斯里巴加湾市中心有许多kedai makan（当地的小吃店），在穆阿拉镇有许多好的海鲜餐厅，在都东、诗里亚和白拉奕市也有各种各样的中式餐厅。

2. 西式

在文莱的酒店里都有西式餐厅，特别是Sheraton Utama Hotel和Deals餐厅提供的西餐非常精致，另外在白拉奕市的Buccaneers有很正宗的德式和英式饮食。

3. 快餐

在首都斯里巴加湾市区和水晶乐园里都有PizzaHart、KFC、麦当劳等西式快餐厅，还有文莱本地的一些快餐厅，如：ollibee Sugar Bun 和 Express Burger。

4. 小吃

文莱的市中心有很多小吃的摊位，最有名的有都东市的Persiaran Damuan公园里的steamboats dinnersand satay、Gadong的Yaohan Megamart一楼的小吃。

第五节　经济特色

文莱拥有得天独厚的石油和天然气资源，这使它得以跻身世界高收入国家之列。石油和天然气生产在文莱国民经济中的地位是举足轻重的，石油、石油产品和液化天然气的出口额在文莱对外贸易总额中占有95%的份额。根据文莱首相署经济计划发展局的资料，2008年文莱GDP总值为203.97亿文莱元，比2007年增长10.5%，其中石油、天然气行业的总额为143亿文莱元，同比增长约16%。但由于石油和天然气资源的不可再生性，长期的开采必然导致资源的枯竭。根据美国能源信息署的数据，文莱的原油储备仅够20年开采，天然气储备则仅够30年开采；而且由于国际市场石油价格波动较大，使石油业的收益极不稳定，致使文莱经济运行中的不确定因素加大。因此，文莱一方面着手发展其比较优势产业——油气产业，一方面发展多元化，以油气产业作其他产业发展的坚强后盾。

文莱农业基础薄弱，加上近年来油气产业发展的驱动，大多数人弃农转业，使农业发展受创，比重呈下降趋势（详见图2-3）。2006—2008年全球粮食危机和国际市场粮食价格飙升对文莱冲击较大，高额粮价加重了政府财政负担，粮食安全成为文莱面临的重要经济社会问题。因此，大力发展农业，增加粮食的自给率，成为文莱势在必行的责任。文莱农业局更大力推动农产加工业，鼓励农民把农产加工后，外销至国外。为了吸引更多农民投身农产加工业，政府为投身此领域的农民提供更多奖励。在推动农业发展的同时，农业局也负责农产技术研发，推行农耕保健、植物保护及品管计划，提升农产品品质，也积极关注农产品的食用安全及推广文莱清真商标。

文莱服务业起步较晚，发展较慢，产值占国内生产总值比例较低，约占1%，从业人员约占总劳动力的60%。但是由于文莱国小人少，服务业尤其是当地的销售业相对不发达，近年来政府采取了一系列有力措施，积极推进经济多元化，服务业被列为文莱推行经济多元化的重点领域之一。由于文莱积极参与国际合作，其服务业与外界的交流和合作层层深入，发展迅猛并取得了较大的成绩。除此之外，文莱服务业中的运输及通讯、银行保险等行业也有较大发展，但服务业在国民经济比重仍然较低，不利于经济的可持续发展。

综上所述，文莱的经济形成了以油气产业为主导、农业辅助及服务业比重过低的结构特点，要实现经济的可持续发展，其产业结构仍有待调整。三大产业的比重结构可参见下图。

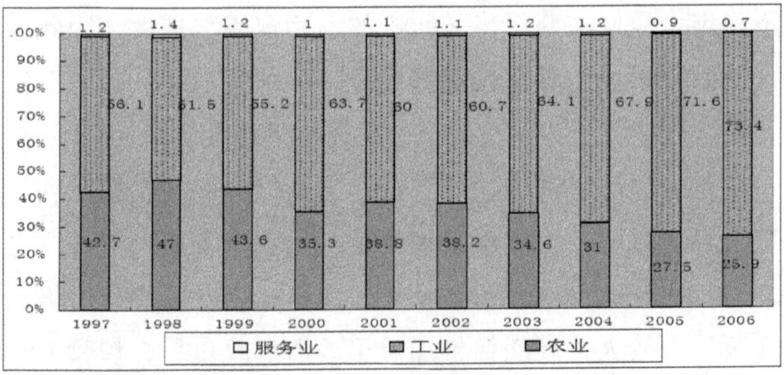

图2-3　1997—2006年文莱GDP中的产业结构

资料来源：东南亚经济发展地图 2007。

第三章 财政、金融与贸易

本章导读

☆文莱近年来一直保持财政盈余的收支状况，为文莱人民高福利的生活提供保障。金融业是现代服务业的一个重要分支，也是体现国家经济发展的重要指标，属于高附加值的行业。文莱有雄厚的金融优势，在实行经济多元化战略的过程中非常重视金融业的发展，大力发展国际离岸金融中心，以应对世界金融危机造成的影响。近年来，文莱金融业增加值占GDP比重维持在3%左右，因此文莱有必要发挥金融在经济中的重要作用，积极参与东盟区内的金融合作，以促进经济持续稳定发展。在贸易方面，文莱进出口依然保持较大顺差，仍依靠出口石油和天然气为主，制成品、工业设备、农产品、日用品等大量依赖进口。

第一节 财政收支

文莱国家财政收支状况良好，奉行平稳预算政策，是一个既无内债又无外债的国家。文莱财政收入的来源有：（1）对外贸易中征收关税（文莱不征收个人所得税、出口关税及销售税）。（2）由于石油和天然气的开采生产是文莱的经济支柱，因此，98%的财政收入是来自石油和天然气的出口矿区的使用费。（3）来自文莱壳牌石油公司和文莱液化天然气公司缴纳的公司税。（4）政府在国内和国外投资及结余的长期存放在国外、投资或存入银行的外汇储备，每年收取一定利息（5%~6%）所获取的收益。

近年来，文莱受益于国际石油价格上升的影响，政府财政收入增加较快。以2008/2009财政年度（2008年4月至2009年3月）为例，财政收入为113.59亿文莱元，比上年增长17.8%，税收收入和非税收收入大致各占65.4%和34.6%。在74.34亿文莱元的税收收入中，公司所得税为72.75亿文莱元，占总税收收入97.9%；在39.25亿文莱元非税收收入中，政府资产收益为36.54亿文莱元，占93.1%。（见表3-1）

文莱政府的财政支出主要用于社会福利、公共工程、教育和防务，由于政府坚持高社会福利政策，所以教育和社会福利方面的开支占很大比重。2008/2009财政年度文莱政府财政支出总额为56.64亿文莱元，财政盈余为56.95亿文莱元，占财政收入的50.1%。文莱的财政收支盈余程度是世界其他国家少见的，但良好的财政盈余提供了文莱人民高福利的生活保障，也反映了政府在文莱经济发展、人民生产生活中具有非常重要的作用。

表3–1　2008/2009年度文莱财政收支结构表（单位：百万文莱元）

财政收入①	22,718	**财政支出**②	5,664.2
税收	7,433.6	个人薪水	1,712
净收入税和利润税③	7,274.9	其他常规支出	1,621.1
国际贸易税	139.8	专项费用	405.1
商业和服务税	19.1	开发基金	586.6
非税收收入	3,925.3	管理费用	1,339.4
资产收益	3,653.7		
行政费及罚款	267.3		
其他非税收收入	4.3	**财政盈余**	17,053.8

资料来源：文莱首相署经济规划与发展局 Brunei Darussalam Key Indicators 2009。

注：①不包括外资收入；②不包括对公营企业的投资支出；③净收入和利润为公司收入和利润所得。

第二节　货币制度与货币政策

一、文莱的货币制度

（一）文莱中央银行

文莱中央银行的职能由财政部（Ministry of Finance, MoF）通过其下属的文莱货币局与金融委员会（Brunei Currency and Monetary Board, BCMB）以及金融机构部（Financial Institutions Division, FID）行使。

（二）文莱货币制度的演变过程

文莱货币政策的演变大致分为以下三个阶段：

1. 无独立的货币发行当局（1967年6月12日前）

1967年6月12日以前，文莱没有独立的货币发行当局。在《马来亚与英属婆罗洲1960货币协定》背景下建立的货币委员会（The Board of Commissioners of Currency），是马来西亚、新加坡和文莱共同的货币发行机构。根据《马来亚与英属婆罗洲1960货币协定》框架下的有关规定，马来西亚国家银行计划从1966年12月12日起代替货币委员会成为马来西亚的纸币发行当局，并在1年后发行硬币。但马来西亚、新加坡和文莱于1966年8月5日修正了货币协定条款，允许货币委员会继续发行三国货币到1967年6月11日。

随着货币委员会交出其在三国发行货币的权利，马来西亚国家银行、新加坡货币发行局和文莱货币局于1967年6月12日分别取代货币委员会，成为马来西亚、新加坡和文莱的货币发行当局。

2. 货币局阶段（1967年6月12日—2004年2月1日）

依据《1967年货币法案》建立的文莱货币局（Brunei Currency Board, BCB）自1967年6月12日起负责文莱纸币和硬币的发行。此外，文莱货币局也致力于为银行和公众提供高水平的服务。

具体而言，文莱货币局的职责是通过严格控制货币流通量，使对外资产和流动资产不低于即期负债的70%和30%，确保公众对纸币和硬币的需求得到满足；管理货币局自身资产及其托管资产；管理货币基金和货币储备基金。

3. 货币与金融委员会阶段（2004年2月1日—2011年）

依据《2004年文莱货币与金融令》成立的文莱货币与金融委员会（BCMB），从2004年2月1日起取代文莱货币局，负责文莱的货币发行。但《1967年新加坡—文莱货币等值互换协定》依然有效。根据此协定，新加坡元与文莱元等值互换，并能在对方国家自由流通。文莱的货币局制度为基础货币与新加坡元的等值兑换提供了制度保障。

FID是文莱金融公司、银行和保险公司的监管机构。它主要为金融机构颁发许可证，对金融公司和银行执行最低现金余额（MCB）。最低现金余额（MCB）类似于中国的存款准备金。在文莱，MCB为金融公司和银行有效负债（主要为存款）的6%。

二、文莱的货币

文莱货币名称为文莱元（Brunei Dollar, BND），记为B/$。文莱货币与金融委员会拥有文莱唯一的法定发钞权。纸币面值有1元、5元、10元、50元、100元、500元、1,000元；硬币有1分、5分、10分、20分。1文莱元等于100分。

文莱货币发行情况如下图：

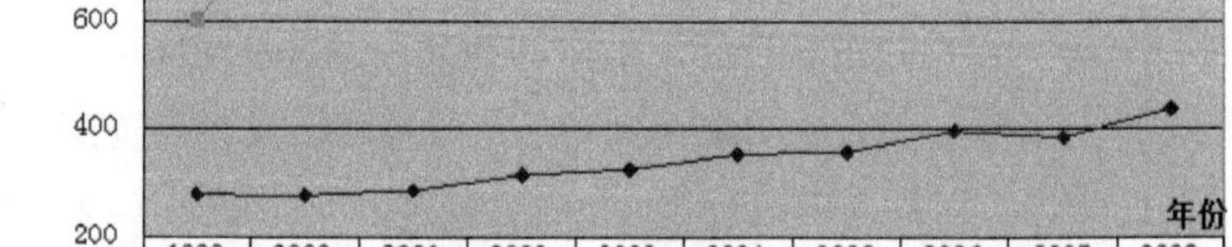

	1999	2000	2001	2002	2003	2004	2005	2006	2007	2008
M1	278.99	276.41	286.39	314.52	324.94	353.08	357.56	396.26	385.12	438.61
M2	600.64	886.92	780.95	795.61	827.75	959.1	915.91	935.46	998.32	1,093.89

图3-1 文莱M1及M2货币

资料来源：文莱财政部。

近年来文莱元M1①、M2②总量均稳步上升，但增速有所下降。2008年M1为43.86亿文莱元，年同比增长13.9%；M2总量为109.39亿文莱元，年同比增速为9.58%（见图3-1）。M2增长的主要原因是定期存款以及活期存款的增加。从表3-2中可知，2008年银行定期存款总额为94.98亿文莱元，年同比上升25.7%；私人部门活期存款32.99亿文莱元，年同比上升30%。

文莱元的利率波动小，最近几年3个月存款利率一直维持在1%左右，贷款利率在5.5%左右。文莱金融机构不良贷款比例较高，2008年6月底为10.2%。

表3-2　文莱货币供应量（单位：百万文莱元）

年份	2006	2007	2008
货币供应			
流通中现钞	739.9	848.7	921.8
私人部门活期存款	2,076.2	2,536.5	3,298.8
总额	2,816.1	3,385.2	4,220.5
准货币			
定期存款	7,694.4	7,557.7	9,498.3
储蓄和其他存款	2,555.1	2,732.1	2,915.9
总额	10,252.5	10,298.8	12,414.2

资料来源：文莱首相署经济规划与发展局 Brunei Darussalam Key Indicators 2009。

①M1：狭义货币供应量，即流通中现金+企事业单位活期存款。

②M2：广义货币供应量（通常所说的货币供应量），即M1+企事业单位定期存款+居民储蓄存款。

第三节　外汇管理

一、汇率

文莱货币金融理事会的职责除了发行货币，还要管理国际储备以及维持文莱元汇率和币值稳定。文莱实行的是盯住新加坡元的货币局汇率制度，文莱元与新加坡元的固定比率为1∶1，这种汇率制定有助于控制通胀预期。2008年，由于金融危机蔓延至全球，美元作为避风港而升值，加上新加坡元因新加坡出口大幅下滑与经济出现衰退而呈现大幅度贬值，文莱元同样呈现先升后贬的现象（如图3–2所示）。截至2010年10月，美元兑文莱元汇率跌破1.3（直接标价法）。

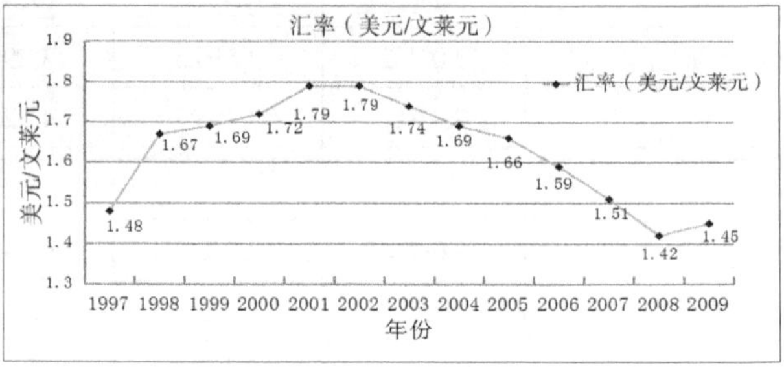

图3–2　1997—2009年文莱元兑美元汇率走势

资料来源：IMF world outlook（官方汇率）；采用直接标价法。

二、外汇管制程度

从国际直接投资环境角度看，东道国的外汇管制程度应该是越低越好。文莱无外汇管制，银行允许非居民开户和存款，文莱元与美元可以在文莱自由兑换，外汇可以自由汇入汇出，便利了国际资本的流动，有利于吸引外资。按照文莱和新加坡两国所签署的协议，文莱元与新加坡元同值并可以在两国通用。

三、国际储备状况

一国国际储备资产的充裕度是维系该国对外信誉的基础。一国国际储备充裕，国际清偿能力就强，就能够在按期偿还债务的情况下进一步扩大内需和放松外汇管制，这不仅有利于该国的对外贸易和经济发展，而且也有利于吸引更多的外资。当然，为维持一定清偿能力而储备的资产并不是越多越好，超量储备就要付出代价，这种代价主要表现在，如果货币当局持有超量储备，则此储备就可以被用于商品劳务进口，为国内经济增长和消费增添新的实际资源，增加国内就业和国民收入，这就是持有超量储备的机会成本。

一般认为，国际储备应该能满足3个月的进口需要，占全年进口额的25%左右。据文莱财政部2008年统计，官方外汇储备约65亿美元（见表3–3），约占全年进口额的50%，无外债，截至当前，文莱的外汇储备共为400亿~600亿美元。由此可见，一方面表明文莱对外信誉度高，有利于外资的流入；另一方面表明文莱持有国际储备的机会成本高，实际经济增长率低于经济增长的潜力。

表3–3 文莱外汇储备情况（单位：百万美元）

年份	2004	2005	2006	2007	2008
外汇储备	505	494	523	610	650

资料来源：亚洲开发银行。

四、外汇买卖

由于文莱没有外汇管制，人们可以自由买卖外汇。为加强文莱人民的外汇交易知识，掌握外汇市场结构及解决基本外汇操作的陷阱，文莱伊斯兰银行的金融和管理中心于2007年7月举办了外汇交易研讨会，其后在8月进行了第二次研讨会，内容主要关于介绍伊斯兰外汇交易及分析外汇基本走势，推行文莱政府实行经济多元化发展政策，加大招商引资的力度，加速了资本市场的发展。文莱每年通过海外投资获得的利润已超过销售石油和天然气的收入，这些外汇有1/3由文莱投资局进行操作，2/3由8家外国机构进行操作。文莱全部外汇的80%用来购买外国政府发行的公债，其余则以现金、股票、黄金和房地产的方式保存。

2007年，文莱的外汇买卖增长明显，外汇买入总额10.29亿文莱元，比2006年增长25.7%，外汇卖出9.32亿文莱元，增长19.8%。随后外汇交易保持平稳增长，2009年稍有回落（见表3-4），但外汇买卖交易大致平衡，反映文莱的国际资本流动速度加快，资本利用率高，有利于吸引外资。

表3-4　文莱外汇买卖情况（单位：百万文莱元）

年份	外汇买入	外汇卖出
2000	55.92	53.03
2001	39.21	39.02
2002	41.84	40.71
2003	34.01	34.71
2004	58.89	60.24
2005	75.03	76.72
2006	81.88	77.80
2007	102.93	93.23

续表

年份	外汇买入	外汇卖出
2008	105.88	100.96
2009	93.97	91.55

资料来源：文莱财政部。

第四节　金融业

一、国际金融中心

2000年文莱成立国际金融中心，这标志着文莱正朝着金融业、银行业、证券业和保险业方面深入发展，为促成文莱成为本区域服务中心的构想打下稳固的基础。文莱苏丹在中心成立时指出，该中心将使文莱成为东亚和中东之间的金融桥梁，招揽东南亚需要的人才，招揽外国金融公司到文莱设点，然后迈向中东为主的世界市场。身为文莱首相、国防部长兼财政部长的苏丹表示，这个机构将使文莱成为服务业中心，特别是对于金融业、银行业、证券业和保险业。并希望通过成立国际金融中心，有助于创造就业机会，促进当地金融界和外国同行进行人才和技术方面的合作与交流，将文莱塑造成为全球金融市场不可或缺的成员之一。

文莱发展国际金融中心所具备的条件，要比其他地区更充分。文莱目前虽然没有转口贸易，也没有足够的国际金融方面的人才，但有丰富的石油和天然气、稳定的政治环境、和谐的种族关系，加上没有外债，外汇储备充足。另外，文莱还有良好的基础设施、优越的地理位置、便利的交通和宜人的环境；文莱政府免征个人所得税、预提税、销售税，没有外汇管制，在中心注册的岸外公司不需缴纳公司营业税；同时，文莱还有完善的英国的普通法系统，以及金融中心应该具备的国际法规，如防范国际洗黑钱、保障金融运作、公司交易、国际信托、互惠基金、伊斯兰基金等一应俱全的法规。因此，文莱有条件成为国际金融中心。

文莱国际金融中心的建立，其目的是要借此培养国际金融人才和创业的企业家，并将国际金融中心作为一个平台，供全球企业大展拳脚。截至2007年12月，已有约9,000家离岸公司在中心注册，仅2005年就有1,600家公司注册，较2004年增长40%。中心累计向6家国际银行发放了牌照，发放了2家保险公司执照和4家证券公司执照，此外，还发放了10家共同基金执照。文莱通过电子信息可以为全球客户提供离岸银行服务，一些国际知名银行也纷纷在中心注册，发展离岸金融业务，世界最大的离岸银行之一——加拿大皇家银行已注册成为文莱第一家离岸银行，该银行的加入无疑是给文莱国际金融中心打了一支强心剂。花旗银行、汇丰银行等也相继在该中心注册。

二、银行业

（一）银行机构

文莱的中央银行是文莱货币发行局（Brunei Currency Board），它是唯一具有管理及发行硬币和纸币权力的机构。

文莱现有3家本地银行：佰都利银行（Baiduri）、文莱达鲁萨兰伊斯兰银行（IBBD）和伊斯兰发展银行。其中Baiduri银行是一所商业银行，由文莱皇家航空公司和法国巴黎银行共同出资组建，成立于1994年，总部设在文莱的斯里巴加湾边，是文莱金融服务的最大供应商之一。Baiduri银行是文莱国内唯一一家同时拥有VISA、MasterCard和American Express三大品牌支付卡发行业务的银行。

外资银行分支机构6家：美国花旗银行（Citi bank）、香港汇丰银行（HSBC）、英国渣打银行（Standard & Chartered Bank）、新加坡华联银行（Oversea Union Bank LTD）、马来亚银行和兴业银行等国际银行。对一个人口只有40万的国家，9家银行机构足以满足文莱人民的金融服务需求。

（二）信贷规模

文莱银行业起步较慢，但发展迅速，规模不断扩大。2009年，文莱银行业总资产为156.51亿文莱元，比2008年下降16.1%（见下图），其中伊斯兰银行资产占文莱银行总资产的40.2%。文莱银行机构存款总额为136.18亿文莱元，贷款总额56.73亿文莱元，存贷款规模比2008年有所下降，下降幅度为12.65%。银行贷存比例较低，2009年为0.42∶1，反映银行有大量的闲散资金，没有达到资金的充分利用，是对金融资源的一种浪费。

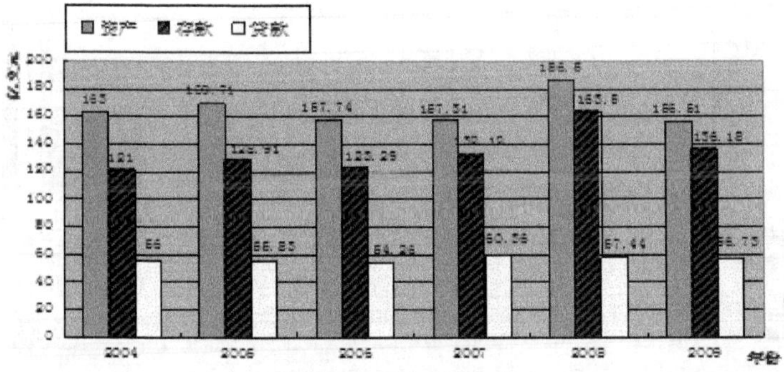

图3-3 文莱银行业

资料来源：文莱财政部。

①总资产与存贷款规模 ②不包括金融公司

（三）贷款方向

2009年，文莱通过银行体系投放的总贷款规模约为56.73亿文莱元，比2008年下降1.24%。其中，个人贷款24.59亿文莱元，是最大的借贷流向，占总贷款规模的40.22%，比重较2008年上升0.56%。贷款比重较2008年有所增长的部门还有：信贷和融资部门贷款总额0.33亿文莱元，同比上升13.8%；制造业部门贷款总额1.49亿文莱元，同比上升2.1%；专业服务贷款总额0.93亿文莱元，同比上升3.3%。从具体部门来看，贷款总量下降主要是以下几个部门贷款总量的萎缩：农业部门贷款总额0.28亿文莱元，同比下降26.3%；交通运输部门贷款总额7.41亿文莱元，同比下降30.7%；建筑业贷款总额4.46亿文莱元，同比下降11.5%；一般商业贷款总额5.9亿文莱元，同比下降2.2%；抵押贷款总额10.38亿文莱元，同比下降12.8%（如图3–4所示）。

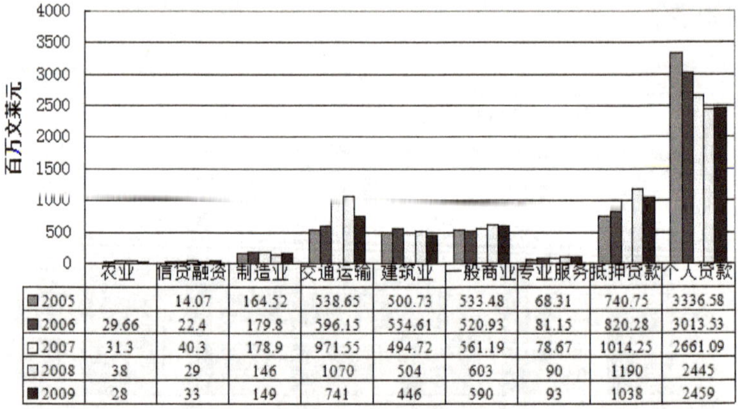

	农业	信贷融资	制造业	交通运输	建筑业	一般商业	专业服务	抵押贷款	个人贷款
■2005		14.07	164.52	538.65	500.73	533.48	68.31	740.75	3336.58
■2006	29.66	22.4	179.8	596.15	554.61	520.93	81.15	820.28	3013.53
□2007	31.3	40.3	178.9	971.55	494.72	561.19	78.67	1014.25	2661.09
□2008	38	29	146	1070	504	603	90	1190	2445
■2009	28	33	149	741	446	590	93	1038	2459

图3–4 文莱银行贷款投向变动

资料来源：文莱财政部。

（四）不良贷款①

1997年东南亚金融危机爆发之后，东盟大部分国家金融机构背负着大量的不良贷款，文莱企业也面临严重的财务问题，致使银行坏账增加，资产状况恶化。为此文莱政府十分重视国内银行金融体系的重组与改革，采取措施提高商业银行的信贷业务质量，迅速处理银行金融机构的不良资产，强化金融风险管理，取得了一定效果。文莱财政部于2005年5月下令银行限制个人贷款数额后，不良贷款比例已有所降低，2007年年底达到了9.49%。据文莱财政部2008年5月公布数字，文莱国内不良贷款达到5.95亿文莱元，占贷款总额约10%。2008年，文莱国内贷款总额为57.44亿文莱元，比2007年的60.36亿稍减，但不良贷款由2007年12月的5.73亿上升到5.95亿，到2008年第3季度，文莱的不良贷款率下降到9.3%（如图3–5所示）。

经过多年的努力，虽然文莱商业银行的信贷资金整体质量水平有所改善，但在东盟10国中，文莱的国内不良贷款率偏高，曾达到12.06%，且近几年来一直处于9%以上，而其他东盟国家里（除老挝）不良资产率均控制在6%以下。

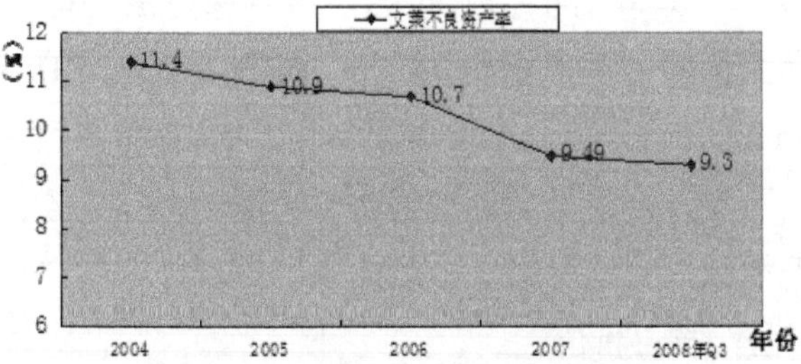

图3–5 文莱不良资产率变动情况

资料来源：东南亚国家中央银行研究培训中心 Key Economic Indicator 2009。

①文莱财政部按逾期还款时间的长短将不良贷款分为三类：60~90天；90~120天和120天以上。

三、保险业

（一）保险机构

1. 保险业协会，是文莱国内保险业的代表机构，其主要业务是促进和保护全体成员的利益。主要的保险种类有：

（1）友邦服务化保险，美国国际集团（AIG）是世界领先的金融服务保险机构，在世界上130多个国家和地区设有分支机构。AIG为商业、机构和个人客户提供全世界最大范围的财产和人寿保险。

（2）国民保险，国民保险提供商业、企业和个人保险服务。

（3）文莱保险，覆盖所有与日常生活相关的保险。

2. 伊斯兰保险

文莱全国有3个伊斯兰保险（Takaful）运营商，分别是：Takaful Bank Pembangunan Islam Sendirian Berhad（TBPISB），Insurans Islam TAIB 和 Takaful BIBD Berhad。其中Insurans Islam TAIB是文莱最大的伊斯兰保险运营商，同时也是全球最大的伊斯兰保险机构。（注：Insurans Islam TAIB 原为Takaful TAIB）在2008年，文莱政府根据颁布的伊斯兰保险法，将国内目前经营伊斯兰保险的两家企业Takaful IBB和Takaful BIBD合并为Takaful Brunei Darussalam Sdn Bhd（即“文莱达鲁萨兰国伊斯兰保险公司”），目的是为了加强文莱伊斯兰保险业务，进一步扩大服务领域，完善伊斯兰金融体系，体现国家的“马来—伊斯兰—君主”核心价值。

（二）基本状况

文莱国际金融中心的成立，不仅要推动银行业的发展，保险业也是其重点发展领域之一。随着人民生活水平及安全防范意识的提高，文莱保险业发展规模逐渐增大，资产规模也不断扩大。但由于受2008年次贷危机影响，2009年文莱保险业资产规模稍有回落。在文莱保险业中，保险业协会是主要的代表机构，其资产规模一直占据保险业市场份额的80%以上，保险费总额与索赔总额也占较大的市场份额（见表3–5）。

表3–5 文莱保险业资产规模、保费金总额和索赔总额（单位：百万文莱元）

年份	2003	2004	2005	2006	2007	2008	2009
资产	664.2	709.2	947.5	1,009.5	1,008.0	1,016.7	999.1
保险业协会	544.7	570.3	791.6	848.2	834.5	827.7	800.2
伊斯兰保险	119.5	138.9	155.9	161.3	174.3	189	198.9
市场份额（%）							
保险业协会	82	80.4	83.5	84	82.7	81.4	80.1
伊斯兰保险	18	19.6	16.5	16	17.3	18.6	19.9
保险费总额	135.6	135.7	150.2	148	175.5	194.5	186.4
保险业协会	99.4	88.2	101.7	98.9	118.2	133.9	113.7
伊斯兰保险	36.2	47.5	48.5	49.1	57.3	60.6	72.7
市场份额（%）							
保险业协会	73.3	65	67.7	66.8	67.3	68.8	61
伊斯兰保险	26.7	35	32.3	33.2	32.7	31.2	39
索赔总额	47	62.6	63.7	72.5	70.4	95.7	96.3
保险业协会	41.9	52.7	58.4	61.9	59.5	81.2	77.8
伊斯兰保险	5.1	9.9	5.3	10.6	10.9	14.5	18.5
市场份额（%）							
保险业协会	89.1	84.2	91.7	85.4	84.6	84.9	80.8
伊斯兰保险	10.9	15.8	8.3	14.6	15.4	15.1	19.2

资料来源：文莱首相署经济规划与发展局。

四、证券业

2002年文莱成立第一家证券交易公司——文莱国际交易所（International Brunei Exchange,IBX），IBX在文莱经营的证券交易有别于一般传统的交易所，它将成为首家泛亚洲（Pan-Asian）交易所，即整个地区的公司及投资者可不在文莱开展业务的情况下参与。2004年，文莱推出“中国统一指数”，该指数是由文莱国际交易所（IBX）和香港著名的期货交易商——香港骏溢期货有限公司共同发起策划，在IBX挂牌推出的全面反映中国股市价格变化的综合性指标。该指数以加权资本市值法计算，共包含沪、深两市80只成份股，涵盖全国的各个行业，具有较高的代表性。但由于资本市场不发达，证券类金融机构一直发展缓慢。Baduai Bank有一个负责经营证券业务的子公司Baiduri Securities Sdn Bhd，但是直至2007年底依然没有开始开展业务。另一家Amcapital（B）公司是2010年5月宣布成立的，它是由全球第二大伊斯兰债券发行商，马来西亚AM投资银行集团在文莱设立的，主要经营基金管理、穆斯林金融和投资咨询等业务。

第五节　金融监管

金融监管是指政府通过特定的机构（如中央银行）对金融交易行为主体进行的某种限制或规定。金融监管本质上是一种具有特定内涵和特征的政府规制行为。文莱的金融监管与其他国家有所不同，金融监管具体操作过程如下：

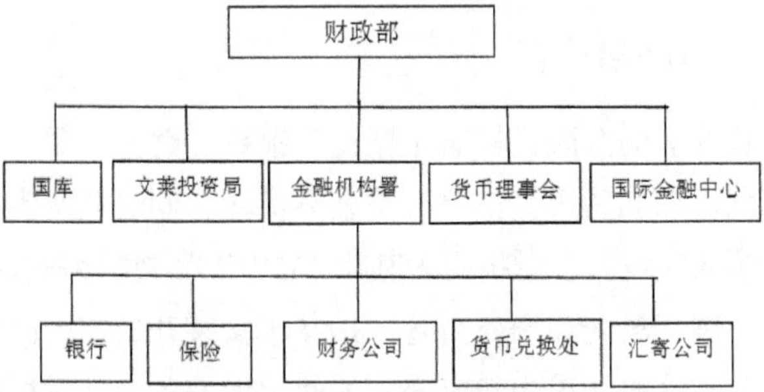

图3-6　文莱财政部组织结构图

资料来源：文莱财政部 http://www.mof.gov.bn

一、财政部

文莱没有中央银行。财政部通过国库、文莱货币理事会、金融机构署和文莱投资局行使一般中央银行绝大多数功能。从1984年起，财政部长由苏丹兼任。

二、货币理事会（BCMB）

文莱货币理事会是按照2004年出台的《文莱货币理事会法》于2004年2月1日成立的，该法令取代了1967年的《货币法》，并规定BCMB是唯一有权在国内发行和管理货币、持有外汇储备以维持货币价值的机构。新的法令承认文莱与新加坡1967年签订的货币等值交换协议，该法令允许文莱元和新加坡元等值并可以在两国通用，同时货币政策的制定也需要盯住新加坡元，这使得文莱元缺乏自主性，但文莱元是属于浮动且可兑换的货币。

BCMB的目标是在文莱建立强大且有活力的金融体系，同时要保证本国货币价值和货币政策的稳定。理事会的主席由财政部长苏丹兼任，负责监督BCMB的管理，而担任理事会秘书的首席执行官则领导BCMB的日常管理行为。

三、金融机构署

财政部下的金融机构署主要监管银行、财务公司、保险机构、汇款机构和货币兑换等五类金融机构，同时负责银行机构营业执照的签发。金融机构署利用CAMELs①方法评估金融机构的风险，进行场内和场外监管。1998年文莱开始实行巴塞尔协议，目前监管机构正为新巴塞尔的使用做准备。金融机构署和文莱国际金融中心负责对整个文莱金融部门进行监督管理。

第六节　伊斯兰金融

文莱财政部于2006年1月成立伊斯兰金融监管理事会，主要是管理及处理各项有关伊斯兰金融、银行、保险、财务、金钱等事宜。根据文莱相关法律，一切以伊斯兰教形式展开、推出的金融等产品与服务，都须报伊斯兰金融监管理事会审核批准后推向市场，一切伊斯兰金融机构、伊斯兰保险、伊斯兰银行等都是属于伊斯兰金融监管理事会法定管理范围。

一、伊斯兰银行

（一）发展过程

伊斯兰银行出现于20世纪50年代末，最早在巴基斯坦和印度北部的穆斯林中进行一种无利息的金融往来，是客户与银行分摊盈亏的银行机构，之后很快传到阿拉伯地区。1963年

---

①银行风险评级内容：资本充足性（Capital Adequacy）、资产质量（Asset Quality）、管理（Management）、盈利性（Earnings）、流动性（Liquidity）、市场风险敏感度（Sensitivity to Market Risk），简称“骆驼法则”（CAMELs）。

埃及出现了第一家无息银行：米特贾姆斯储蓄银行。但当时这类银行资金少，规模小，仅属于实验性质。1975年以后，伊斯兰银行在各地大规模兴起。中东地区著名的阿联酋迪拜伊斯兰银行、沙乌地阿拉伯的伊斯兰开发银行、埃及和苏丹的费萨尔伊斯兰银行、科威特的金融社等一批拥有大量资金的伊斯兰银行在20世纪70年代中期先后建立起来。至今几乎所有的伊斯兰国家都建立了某种形式的伊斯兰银行。中东地区是伊斯兰银行运动的中心，在东南亚的马来西亚、印度尼西亚、文莱，南亚的印度、巴基斯坦和孟加拉国，非洲的喀麦隆、尼日利亚等国都出现了伊斯兰银行。此外，在欧洲的卢森堡、瑞士、丹麦和英国也设有伊斯兰金融机构，进入国际金融市场。为了加强和促进现有各国伊斯兰银行的合作和协调，1981年成立了“伊斯兰银行国际联盟”，总部设在埃及开罗市郊的米斯尔·贾底达。1983年该组织在塞浦路斯开办了一所“国际伊斯兰银行学院”，为各国培养合格的伊斯兰银行专业人员。

伊斯兰银行（a1-Bank al-Islami）是现代部分阿拉伯、伊斯兰国家依据《古兰经》禁止利息的原则在国内建立的金融信贷机构的统称，亦称“伊斯兰银行运动”。它是第三世界的伊斯兰国家为在国际社会中获得经济上、金融上的独立自主，调动国内的经济力量，促进民族金融业的成长，为发展民族经济和文化教育事业而建立的新的金融体制。按照《古兰经》和伊斯兰教法规定，利息属于不合法的收入，必须禁止。故此类银行的信贷不计利息，即贷款不收利息，存款不付利息。其资金来源主要靠客户存款和政府无息贷款。

（二）金融信贷

伊斯兰银行的金融信贷活动一般采取4种方式：（1）参与股份制。银行向借方的发展项目提供贷款时，以股份的形式投入，双方按协议分配利润。（2）盈亏分摊制。银行与顾客（即存款者和借贷者）结为伙伴关系，双方按照协议共同分担经营的亏损或参加利润的分配。（3）加价制。银行在资助贸易时，从标高价格中获取收入，当客户申请贷款购买某种货物时，双方达成协议，由银行出资购买，在到期偿还贷款时，银行收取高于原先物品的价格，其中的差额就是银行收益。（4）手续费制。凡汇款、信用证、中长期贷款、外贸贷款等均按款额和期限，由银行收取2%~4%的手续费，用以支付银行的管理费和通货膨胀的差额。为了鼓励扩大存款，对存款人可按银行经营的情况和存款额的多少，参加利润分成、获得存款奖金和货币的保值金，并在申请贷款、使用支票等方面给予优待。

在金融服务方面，伊斯兰银行与传统银行有以下几方面的区别（见表3-6）。

表3-6　传统银行与伊斯兰银行的服务差异

	传统金融服务	伊斯兰金融服务
盈利方式	基于利息	基于贸易或租赁
交易工具	金钱或票据交易	有形资产交易
收益来源	基于资产和负债两边的固定收益	在存款方面基于利润共享，在资产方面基于经济活动的回报
	传统金融服务	伊斯兰金融服务
融资方式	发放贷款给企业从事贸易活动	积极参与实体经济

二、文莱的伊斯兰银行

文莱最早的伊斯兰银行服务由文莱伊斯兰银行（IBBD）和文莱皇家信托基金（TAIB）提供，到20世纪90年代才开始出现伊斯兰银行服务。TAIB是文莱第一家伊斯兰银行，成立于1992

年，最初是一家信托基金公司，主要为到麦加朝圣的穆斯林提供融资便利，后来文莱成立伊斯兰发展银行（IDBB），TAIB则专从事信托基金服务。第二家伊斯兰银行是IBBD，主要为穆斯林提供伊斯兰性质的贸易和商业融资。2006年，IBBD及IDBB合并，成立文莱达鲁萨兰伊斯兰银行（BIBD），成为文莱国内唯一的伊斯兰教银行。此次合并是文莱政府加强文莱伊斯兰银行和保险业等金融机构的举措之一，希望新的伊斯兰教银行更加具有竞争力和发展力，能够在新的银行服务领域和海外开展业务，提供更有效率和竞争力的服务，为文莱经济发展，特别是伊斯兰教金融领域的发展做出贡献。

合并后，文莱伊斯兰银行业务发展很快，2007年完税和捐赠前利润达到1.26亿文莱元，同比增长70%，并在2008年1月8日正式启动伊斯兰投资银行业务（Investment Banking）。至2009年，文莱伊斯兰银行总资产为62.89亿文莱元，资产规模比2008年有所缩小，但市场份额逐渐增大，占文莱银行总资产（156.5亿文莱元）的40.2%，比2008年增长18.6%（见表3-7）。

表3-7　文莱银行业资产结构表（百万文莱元）

资产（百万文莱元）	2008年	2009年
总资产	18,650	15,651
伊斯兰银行	6,326	6,289
商业银行	12,324	9,362
市场份额（%）		
伊斯兰银行	33.9	40.2
商业银行	66.1	59.8

资料来源：文莱财政部。

三、伊斯兰保险

穆斯林世界历来对任何种类的保险都看作是一种赌博形式，因此他们认为保险是多余的。但是随着全球经济一体化进程，保险在人民生活中发挥日益重要的作用，许多伊斯兰经济学家通过研究经典著作和社会实践，从伊斯兰教义和金融理论上创建了现代伊斯兰金融的保险业。伊斯兰保险思想来自阿拉伯语“kafal”，意为照顾某人的需要，具体表现为：一些人联合起来设立共同基金，以给予遭受意外灾难的成员以经济补偿。它的出现和发展是伊斯兰复兴运动的结果，随着伊斯兰保险业的发展壮大，其范围已从伊斯兰国家逐渐扩展到整个世界。根据伊斯兰银行规避利息的经营模式和世俗保险公司业务经营的具体实践，伊斯兰金融专家设计了伊斯兰保险业的产品和投资模式。在具体的业务实践中，伊斯兰保险公司提供符合伊斯兰教义的保险产品：一般保险、生活保险和再保险；进行符合伊斯兰经典要求的投资活动：直接投资和间接投资。因而伊斯兰保险业与世俗保险公司的主要异同点是：其相似之处在于二者将投保人的保险金用于投资，不同之处在于伊斯兰保险公司盈亏共担的投资基础和投保人获取利润的特权。另外在保险费数额、投资范围、投资受益和保险监管等方面也存在不同程度的差异。

文莱的伊斯兰保险（Takaful）运营商是文莱达鲁萨兰国伊斯兰保险公司（Takaful Brunei Darussalam Sdn Bhd）和Insurans Islam TAIB。2009年3月文莱伊斯兰保险公司与马来西亚纳闽再保险公司（Labuan Re （L） Ltd.）签署合作协议。根据协议，纳闽再保险公司将为文莱IBB伊斯兰保险公司提供2008—2009年的再保服务，以减少后者在金融危机中可能面临的风险。此项协议是文莱伊斯兰保险业发展中具有里程碑意义的事件。2009年文莱伊斯兰保险业的总资产是19.89亿文莱元，占保险业总资产的19.9%。

四、伊斯兰债券

伊斯兰债券不支付利息，这是根据伊斯兰法禁止高利贷，并作为利润分享或出租的有形资产为基础的协议结构。

2006年3月14日，文莱政府正式推出价值1.5亿文莱元、为期3个月短期伊斯兰债券。这是文莱政府首次推出完全符合伊斯兰教义的债券。该债券是以产业买卖及租借的方式，让投资者受惠，不涉及任何利息，完全符合伊斯兰教义。为了有效地发售伊斯兰教债券，文莱政府成立了文莱伊斯兰债券控股实业公司以及文莱伊斯兰债券公司。将透过土地局，把国家一些资产转移给文莱伊斯兰债券控股实业公司，而后者将把有关产业的受益权转让给文莱伊斯兰债券公司，该公司把有关的产业再转租给政府，而所收到的租金，则会分发给投资者。

至2007年底，文莱财政部已发行10次短期伊斯兰债券，总额达10亿文莱元，并于2007年7月发行一年期伊斯兰债券，总额为4,500万文莱元。又在2008年9月12日宣布发售总值4,500万文莱元（约合3,200万美元）的伊斯兰短期投资债券，债券期限91天，利率1%。到2009年，文莱财政部又分别在11月和12月分两批发售了价值6,800万文莱元的伊斯兰债券（SUKUK），使该部门发售的伊斯兰债券总额累计达到20亿文莱元（自2006年4月开始）。新发债券期限91天，租借利率为0.39%。

五、伊斯兰金融创新

2005年文莱苏丹王和首相迪泊尔图安批准了由财政部拟

定的全民福利保障规划“苏库克伊斯兰金融体制”并于2006年正式实行。苏库克伊斯兰金融管理制度是一种类似西方的银行贷款制度，用于购买房屋、私人财产和企业投资，这是根据伊斯兰学者研究拟定的伊斯兰金融法，没有固定利息和高利贷性质的剥削。“苏库克”是穆斯林社会的传统，也是现代化的新体制，并在许多伊斯兰国家试验且行之有效，例如马来西亚、卡塔尔、巴林和巴基斯坦。现有长期和短期金融经营的两种规划。以实物抵押为例，可以根据双方协议，转换为货币贷款和购买新财产，例如抵押的闲余物业财产1,000万，由银行代收抵押物，进入市场交流，发放贷款以10年为限。

贷款人可以用这批现金投入其他经营事业，而银行为其经营房产10年，并且给原主人按比例分红，双方都获得合法利润。贷款人占有的新财产，允许转让，前后账目公开，因有三方协议为证，第三位投资者绝不会受骗。苏库克是世界金融新体制，依据《古兰经》和伊斯兰的教法原理，免除了资本主义唯利是图的肮脏交易，是伊斯兰古代传统经济合作关系对当代金融世界的适应。当代世界的伊斯兰金融支柱是伊斯兰发展银行，同许多伊斯兰国家财政部有密切合作关系，拥有雄厚的基金，可参与国家之间的投资和贷款。此外，在许多伊斯兰国家，成立了国家和私营的伊斯兰银行，互相联网，形成了一个新的金融王国。苏库克贷款、投资和转让已经成为国际金融交流式体制，在伊斯兰国家已普遍采用，例如文莱政府2001年收购了天然气公司，就是依照苏库克经营模式。

早在40年前，就有许多穆斯林金融专家和现代伊斯兰金融著作问世，但是当时全世界都相信美元本位，依靠西方银行，跟随世界一体化国际金融制度。1997年美国大金融银行抽取贷款，许多国家受到巨大的金融危机冲击。当时各国金库都空虑，无钱向客户兑现，被迫向国际货币市场贷款，一般期限为3个月。如果国内货币贬值，小国家必须抛售外币储蓄，自己承担亏空，保护西方国际银行利益。例如1997年亚洲金融危机，引发许多国家连锁反应，而西方大国坐收渔利。

经过一次教训之后，伊斯兰国家开始实行苏库克制度，与西方控制的国际金融脱钩，在伊斯兰国家内部经营，小国家享有平等权利，而且增强独立自主的能力。任何贷款和投资的账目都公开，不隐藏任何被人操纵的秘密，经济发展程序和进度每天要进行统计报告，一目了然，体现了伊斯兰经济思想的诚实精神。根据许多国家执行的经验，在货币交换和金融交易中，减少中间环节，免除许多佣金，降低了贷款成本。苏库克制度因为体系完整，建立了商业信誉和正常运作制度，加强与西方国家金融和国际货币公司的合作，不再是单方求人恩赐，而是有伊斯兰银行的后盾，因此取得了较大发展。

苏库克体制经营范围不断扩大，例如政府债券和公债，投资者可以根据苏库克原则零星投股，为国家银行吸收民间投资能力，汇集成强劲的国营金融实力。民间拥有的国家公债和股票可以投入市场交流，买卖自由，一切经营都是合法化、伊斯兰化，有利于彼此建立信任关系。

文莱是一个小国家，过去一直依附于西方大银行，国库金融与国家货币要求西方国家代管，自己没有独立经营能力。现在逐渐转向伊斯兰的苏库克制度，加入伊斯兰世界金融体系，将享受更多的安全保障。文莱的国家银行和私立金融公司，根据国家新法律，实行苏库克制度，先开设短期贷款和投资，初步定为“苏库克伊斯兰金融体制”，在积累经验的基础上，必将向长期贷款规划发展。苏库克制度使银行体制改革和金融管理伊斯兰化，促进了社会伊斯兰化深入发展，并在世界文明一体化中增加一个伊斯兰体制的新潮流。

第七节　对外贸易

在贸易发展领域，文莱促进地区市场和世界市场贸易机会的增长，积极参加多双边的贸易安排，如东盟自由贸易区和世界贸易组织，推动基于本国工业和主要资源为基础的外向型经济的发展。对外贸易在文莱经济中占有重要位置，出口商品种类比较单一，主要是石油、液化天然气和石油制品；也出口橡胶和胡椒等热带作物和民族工业品，但所占份额很小。文莱经济计划发展局公布统计数据显示，受出口下滑影响，2009年文莱外贸较上年下降38.6%，总额为139亿文莱元。贸易顺差69亿文莱元，低于2008年113亿文莱元的贸易盈余。2009年文莱出口商品总值104.32亿文莱元，进口商品总值34.92亿文莱元，净出口为69.4亿文莱元，进出口总额139.24亿文莱元，外贸依存度为92%，反映文莱经济的外向型程度及对国际市场的依赖性。

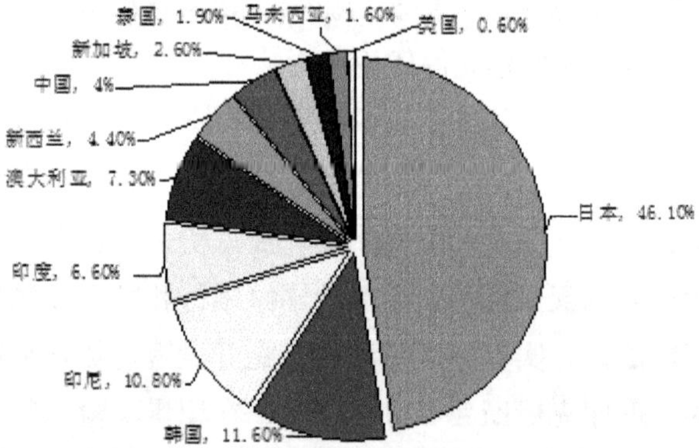

图3-7　2009年文莱主要出口目的地

资料来源：文莱经济规划与发展局。

出口方面，油气出口相比2008年呈现大幅下滑，导致当年出口总额下降30.2%，出口总额为100.2亿文莱元，占出口总额96.1%。其中，原油出口49.7亿文莱元，下降37.4%，液化天然气出口50.5亿文莱元，下降24.3%。出口目的地方面，日本为文莱最大贸易伙伴，占其出口份额的46.1%，其他依次为韩国（11.6%）、印度尼西亚（10.8%）、印度（6.6%）、澳大利亚（7.3%）、新西兰（4.4%）、中国（4%）、新加坡（2.6%）、泰国（1.9%）、马来西亚（1.6%）、美国（0.6%）等。

进口方面，商品种类主要有机械和运输设备、食品与建筑材料及工业制成品。2009年文莱进口总额35亿文莱元，比2008年下降4.3%，进口下降幅度较大的商品包括：动物及植物油、脂（26.4%），机械及运输设备（13.5%），食品及动物（6.1%）和加工品（2.5%）等。机械和运输设备进口占总进口的最大份额。东盟是文莱最大的进口国，占总进口的51.8%，其次是美国（13%）、欧盟（10.3%）、日本（8.9%）、中国（5.8%）、英国（2.7%）及韩国、澳大利亚、中国台湾和中国香港等国家和地区（如图3-8所示）。

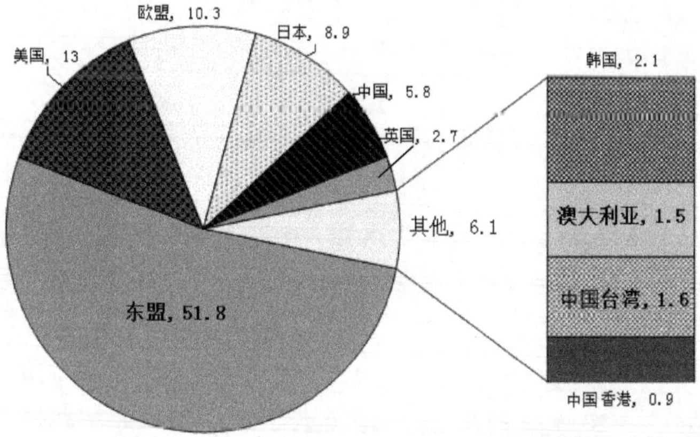

第四章

教育、文化与民俗

本章导读

☆文莱非常重视教育，并将教育发展作为国家发展计划的一个重要组成部分，为国民提供免费的基础教育，采取开放式办教育的策略，积极汲取国际先进办学经验，现已逐步建立起了一个适合其本国文化、传统和经济发展的学校教育结构和系统。文莱是一个信仰伊斯兰教的国家，人民热情好客，严守教规，崇尚礼仪。文莱同时也是一个宗教色彩和马来民族传统较浓厚的国家，这反映了其文化艺术具有马来西亚文化和伊斯兰教义以及君主制相融合的独特之处：别具特色的节日庆典丰富了文莱人民生活，多姿多彩的民族舞蹈增添了文莱迷人的传奇色彩，虔诚的宗教信仰规范了人们的日常行为，使文莱成为一个和平友好的礼仪之邦。

第一节　教育

一、基本状况

文莱自1984年全面独立之后，开始实行双语教育政策，全国各学校同时应用马来文和英文教学，国民同时享有12年（小学至高中）的免费教育。基本上文莱有两种类型的学校，政府学校和非政府学校。经过多年的发展，文莱教育已取得较大的进步，至2008年，文莱教育机构总数为261间，在校学生人数为110,400人，其中大学生人数为4,021，教师总数为9,407（见表4-1）。2008年文莱15岁以上成年人识字率达95%。

表4-1　文莱教育状况统计表

年份	2006	2007	2008
教育机构总数	263	266	261
学生总数	10,978	110,413	110,400
教师总数	9,246	9,173	9,407
在校大学生	3,712	3,821	4,021

资料来源：文莱首相署经济规划与发展局 2009 BDKI。

文莱国家教育指标：

1. 采用双语（马来语及英语）教育制度。

2. 加强宗教（伊斯兰教）教育，通过学校的公民和马来伊斯兰教君主皇国概念课程，把回教教义嵌定在国家教育制度里。

3. 给予每位儿童12年（7年小学及5年中学）的基本国民教育。

4．通过利用相同课程纲要与考试，确保每位学生得到一致水平的教育。

5．通过国家教育制度树立国家特殊形象，培育效忠国家，造福社会的英才。

二、基础教育

文莱的教育制度依照英国的模式，把学制分为4个阶段：7- 3- 2- 2制，即小学7年，初中3年，高中2年和大学预科2年。国家为其公民和永久性居民提供12年的免费教育。初等教育分为三级：学前、初小和高小，学习年限共7年。学前教育（ 1年）归入小学教育，成为义务教育的一部分，学生5岁入学。小学教育的目的是让学生打好读、写、算的基本功，为以后的个人发展创造条件、提供机会。学前班的课程有马来语、英语、算术、品德、伊斯兰教基础、体育、音乐及个人和社会发展等；初小的课程有马来语、英语、数学、伊斯兰教知识、体育、手工美术和公民课。高小则在此基础上增设科学、历史和地理。在完成了7年的小学教育之后，学生要通过小学证书考试，才能升上初中。

初中的学习年限是3年。学生在第三年结束时要通过PMB“初中考评”考试，通过了PMB 考试的学生有两种选择：一是升入高中；二是就业或进入教授工艺和技术课程的职业技术学校。初中的必修课有马来语、英语、数学、综合科学、伊斯兰教知识、历史和地理7 门，选修课有计算机、农业科学、家政、商学、第三语言、木工、铁工、手工美术和音乐9门，其中选修课也要进行考试。“马来伊斯兰君主制”思想课是必修的，但不考试。除了伊斯兰教知识、“马来伊斯兰君主制”课和手工美术课外，其余的都用英语授课。高中教育在科学、艺术和工艺领域已具有一定的专业性。在高中二年级，成绩优秀者可参加文莱—剑桥“O”级考试，水平稍差的学生可参加文莱—剑桥“N”级考试。通过“O”级考试的学生可学习2年大学预科课程后参加剑桥“A”级证书考试，其他学生可选择就业或在苏丹哈桑纳尔教育学院、文莱大学、职业技术学院或护理学院学习，还可以出国留学。高中的所有学生都要学马来语、英语和数学。攻读文科和技术的学生可从农业科学、综合科学和人文生态学中选读第4门必修课，从科学或综合科学、人文生态学、农学、地理、历史、经济学、艺术、音乐、计算机、伊斯兰教知识、英国文学、第三语言等18门课中选读3~4门选修课；攻读理科的学生可从生物学、化学、物理学、数学、几何、经济学和会计原理等7门课中选读至少2门必修课，也可从历史、英国文学、马来文学、伊斯兰教知识、手工美术和其他语言中选1门，选修的科目有：工程学、物理、农学、食品和营养、木工、铁工、工艺、设计、电子学、几何等，必须选修至少2门，还必须从地理、商学、会计原理、伊斯兰教知识、马来文学及工艺等科目中选读1门。

三、职业教育

文莱的职业技术培训和教育的时间长达1~3年或3年半。作为综合教育的一部分，技术教育的培训包括到工业部门的6个月实习，商业教育的实习时间为3~6个月，毕业时学生可获得文莱职业和技术教育委员会认证的水平证书。

职业学校和培训中心招收初中毕业的学生，开设的专业范围很广，有建筑、文秘、设计、机械、木工、电工、装修、缝纫、汽车修理、电器修理等等，同时还开设有农业、林业及渔业课程，学习一至一年半的时间，目的是为各行业培养技术熟练的人才。学习合格可获得“国家三级行业证书”。此证书的获得者在工业及商业部门工作获得一定经验后可考取二级证书。技术学院和培训中心为从中学升上来的学生和需要提高及再培训的成人提供职业和技术教育，并颁发文凭。开设的专业涉及飞机机械、机械自动化、商贸和财务、计算机、建筑、资产管理、旅游及服务等约20个领域，颁发不同水平的教育证书。全日制文凭课程招收剑桥“O”级水平的学生，而工艺级课程则可招收初中毕业生。

四、创业教育

自20世纪60年代末以来，由于中小企业可以为各种人群提供各种各样生存和发展的空间和机会，中小企业的创建和发展得到越来越多国家的重视。许多研究者发现，创业教育和培训能够产生其他高等教育所不能带来的效益。自20世纪90年代以来，文莱政府开始调整经济政策，大力倡导创业教育和培训，发展多种工业经济，并将中小企业列为国家工业经济发展的重点。为此，政府强调创业教育和培训对于发展中小企业的重要性，积极鼓励一些组织机构提供创业教育和培训，促进中小企业的发展。创业教育和培训主要是通过政府机构和国际组织以及私人组织进行的。这些组织和机构主要有：文莱达鲁萨兰大学，工业和初级产品资源部，文化、青年和体育部。在发展创业教育和培训的过程中，注意学习环境、实施环境和创业文化三要素的结合；在设立创业教育和培训计划过程中，注意理论确证、选择有潜力的企业家并激发他们的动机、选择经验丰富的教师和良好的培训材料，培训后的支持和跟踪服务三阶段的整合。政府部门、私人企业、工商部门、教育机构等通力合作，为培养年轻一代创业家提供更强有力的支持。

五、华文教育

文莱华人主要聚居在城市，由福建人（主要是金门人）、广府人、客家人、海南人、潮州人和兴化人等组成，这些人群分布在不同的地域：福建金门人聚集在首都；客家人、广府人与海南人则分布在白拉奕县。目前，有华文中学3所，华文小学13所。

文莱早期的华校，以华文为第一语文，采用香港出版的教科书，英文很弱，马来文更弱。文莱最大的华语学校——文莱中华中学，是早期移居文莱的华人先辈为了传承中华文化，让后代学习母语而于1922年创办的，是文莱华社中历史最悠久、学生人数最多的华文学校。经过88年的办学历程，到2010年，学生从22名发展到现在的3,500名，全校101个班，设有幼儿园、小学、初中、高中和大学先修班。学校的教学设备齐全，设有科学室、音乐室、图书馆、计算机室、多媒体语言室、网络中心、空调体育馆和室外体育场等。中华中学现在实行三语并重、五育兼修。除了教学华语、英语和马来语外，五育则是让学生德育、智育、群育、体育和美育全面均衡发展，塑造符合现代社会需要的，具有良好学识和崇高道德修养的人才。为了保持和进一步提高学生对学习华文的兴趣，中华中学开展了一系列活动，如华文歌唱比赛、书法比赛、华文作文比赛、中国舞蹈比赛，以及猜谜语、对对联等，还借助多媒体设备介绍中华文化，加深学生对中华文化的了解和认识，提高他们的学习兴趣。从昔日的单语教学演变成今日的“三语五育”，中华中学的努力和成就已受到华社的认同和文莱政府的充分肯定。

六、高等教育

文莱的高等教育由于历史的原因起步较晚，在1985年才有属于自己的第一所大学。不过文莱政府高度重视教育的发展，采取开放式办教育的策略，积极汲取国际先进办学经验，使得高等教育自开始就得到了较快较好的发展。文莱教育部认为，教育机构需要迅速适应国际国内社会和经济发展所带来的变化，引进新的科技，提升教学和学习效率，教育部也将加强学校及高等教育机构在这一方面的能力。教育部还认为，必须有25%~30%的人受过高等教育才能够满足文莱社会发展的需要。但是目前在文莱受过高等教育的人数远远没有达到这个比例，这与文莱高等院校数量少以及办学水平不高有着密切的关系。

文莱相对资历较深的高等院校有四所，它们是文莱大学、文莱理工学院、拉希达护理学院和文莱古兰经学院。

（一）文莱大学（University Brunei Darussalam）

文莱大学于1985年10月28日建立，该大学是文莱最大的一所综合性大学，以教学、科研和服务社会三条管道向国家提供人力资源为其使命。教学是该校的主要任务，旨在根据国家指导方针，在知识、技能、仪态、道德和精神价值观等方面培养学生，使其成为适合国家需要的人才。科研是学校的第二大任务，学校鼓励教职员与学生进行科研，特别是从事国家建设与经济发展需要的实用课题的研究。第三任务是服务社会，因为学校的教职员在某些专业方面具有特殊的技能，可以走出校园与外界建立联系，为社区提供服务。该大学有现代化图书馆、计算机服务中心、教育技术中心等先进设施，现设有文学和社会科学学院、商业经济和政策研究学院、伊斯兰研究学院、理学院、哈桑纳尔·博尔基亚教育学院、文莱研究院和医学院等7个学院。

（二）文莱理工学院（ Institute Technology Brunei ）

文莱理工学院于1986年成立，学制两年半，该校原与苏丹赛福尔·瑞贾尔技术学院在同一院内，1998年迁至新校舍，临近文莱大学。

该学院是以技术教育为主的高等院校，其工程和技术研究方面在东南亚地区也是名列前茅，在高等教育和研究方面拥有一支由国内外优秀人才组成的科研队伍，已经建立了世界一流的计算机和实验室设施。目前，教育部正努力把文莱理工学院打造成地区科技活动的枢纽，力争为全球社会经济的发展作出重大贡献。该校初期设有商业及金融系、计算机系以及电力与电子工程系三个系，开设“高等国家文凭”课程，是文莱培养科技人才的摇篮。目前，文莱理工学院设有六个系，分别是：商业管理系、土木工程系、计算机及信息系统、交际语言与个人发展、电气和通信工程系以及机械工程系，另设有一个计算机中心。

（三）拉希达护理学院（The Pengiran Anak PuteriRashidah Sa’adatul Bolkiah Nursing College）

拉希达护理学院成立于1986年，是以它的赞助人苏丹长公主的名字（Pengiran Anak PutriRashidah Sa’adatul Bolkiah）命名的，是文莱唯一培养护理人员的学校，用以满足文莱日益增长的医疗卫生服务的需要。该院有来自英国、澳大利亚和加拿大的优秀教师资源，他们有高度熟练的技术和丰富的教学经验。该学院是大专一级的护理教育机构，它提供护理专业课程、接生专业课程，并为注册护士提供高级护理课程，以及其他10个专业的高级课程，包括急诊、重症护理、手术室、社区卫生、儿科、耳鼻喉科、头颈科、治疗护理和助产等专业。

（四）文莱古兰经学院（Instit ute Tahfiz Al -Quran Sultan Hassanal Bolkiah）

文莱古兰经学院又称苏丹·哈桑纳尔·博尔基亚古兰经学院，建成于1993年1月1日，是作为苏丹个人送给臣民的礼物，这是一所学习古兰经知识和其他相关学术知识的教育机构。古兰经学院是文莱伊斯兰教育不断发展的证明和象征，它的教育目的是：完成宗教责任；增加学习古兰经的人数；在任何情况下都维护和保护古兰经的精神及纯洁度；让熟读古兰经的学生在以后的伊斯兰学习和科学技术学习中获益并接受古兰经的祝福和帮助。

近年来，文莱政府进一步扩大高等教育办学规模，先后成立了几所高等院校，如文莱拉克萨马纳商学院、文莱地球空间信息学专科学校和文莱苏丹·沙立夫·阿里回教大学。

文莱政府在国家的发展计划中把教育列为发展重点之一，并制定了明确的教育发展目标。2007年5月23日，文莱王储比拉在文莱国际会议中心主持文莱理工学院第16届毕业典礼时指出，虽然政府与民间积极采取多项措施为大学毕业生提供就业机会，但大学毕业生失业问题依然存在。要解决这一问题，一是要培养有竞争力的大学毕业生。大学毕业生必须拥有知识、技能、良好的沟通能力以及掌握英语。文莱大学教育要接受全球化的挑战，高素质的教育是培养杰出人才的重要基础，基于这个因素，教育工作者应适应和紧跟全球化发展趋势，不断汲取新知识以充实自己。二是大学毕业生应该向海外就业。大学毕业生应积极把握就业机会，有条件的应向海外谋求就业机会，然后把在国外工作积累的宝贵经验、知识及技术带回国内，为祖国发展作出贡献。

第二节　文化艺术

文化指的是人类在社会历史发展过程中所创造的物质财富和精神财富的总和，特指精神财富，如文学、艺术、娱乐等。

文莱是一个穆斯林君主制国家，以“马来人主权、穆斯林化、君主制度”的文莱政治体制也渗透到文化艺术的各方面，表现出独特与迷人的文化特征。艺术和娱乐已经影响苏丹国统治多年的土地，是文莱传统的遗产。

一、语言文学

文莱作为一个以马来人为主体的多民族国家，马来语是国语，属马来—波利尼西亚语系。原用加威文（用阿拉伯文书写的马来文），现许多场合如个人签名、公共建筑物上等仍使用。19世纪英国人进入之后，书写采用拉丁字母，英语亦开始广泛通用，华语也在社会中广泛使用，文莱华人除英文和马来语外，还讲闽南语、广东话，绝大多数华人能讲普通话（当地人称为华语）。主要报纸用英文、马来文和中文出版。1961年文莱政府建立的语言和文学研究所，是一所研究和出版机构，负责研究马来族语言、文学和艺术，出版本地作家用马来语撰写的作品。

文化、青年和体育部（文青体部）是文莱主管文化艺术的部门。该部以维持和改善文莱人民生活为目的，巩固人民正确的价值观，提高人民特别是青少年适应社会经济变化带来的挑战和各种问题的能力，减少社会压力和离心力为主要任务。文青体部下设语言文学局、语文图书局、体育与青年局及文莱博物馆，另外，还设有一个历史中心和手工艺中心。语言文学局负责推动文莱的马来语、文学和文化的发展，举办过马来语、马来文学和诗歌的研讨会；语文图书局负责向全国提供图书服务，出售各种刊物、杂志和儿童读物。文莱国家图书馆尚在筹建之中，目前由国家语言图书局负责向国民提供图书借阅，只要是文莱公民，即可免费使用图书馆。该局在全国4个区均设有分支机构，并提供图书借阅的城乡流动服务，拥有30多万册藏书，平均每月进书2,000~3,000卷，其中英文和马来文的图书约各占一半，其余文种的图书只有1,000多册，主要来自英国、马来西亚、新加坡与美国。

二、手工艺术

文莱艺术和手工艺品中心每天向公众免费开放并销售各种文莱传统手工艺品，展现文莱民间手工传统艺术品。所有的展品全是文莱传统的手工艺品，虽然不算琳琅满目，但也多姿多彩，体现着文莱人民的才思与技巧。展品由竹器、木器、银器和纺织品四种组合布置，透露出当地手工艺品的主要原材料和制作方向。展品大都精巧别致，如竹器是用篾条编成的各式手袋、钱夹、纸巾盒、盘子、笔筒、储蓄罐、杯垫、座垫等日常生活用品，可谓应有尽有。这些小物件的编制手法简单，大多被施以大红、桃红、嫩绿、明黄等各种对比强烈的艳丽色彩，在简洁中透出几分俏丽，不仅更具吸引力，也体现出文莱人特有的审美情趣。木器有镂刻了花纹的镜框、信箱、门楣等实用小型家具或配件。别具特色的是，文莱人喜欢的棋类游戏——Pasang（当地人非常喜爱的休闲游戏）的棋盘也在其中。棋盘分为两种，一种呈平面方形，类似中国的围棋盘；还有一种呈长条立体状。银器是所有展品中最为耀眼的工艺品。装饰用的小炮台、乐器、船、蛇状匕首、杯、碗等，全都精雕细琢而成，主要以缠枝花蔓或连珠纹装饰。

手工纺织品是所有展品的主题，也因此占去了整个展厅的大部分面积。文莱人很早就掌握了纺织技术，据《梁书·夷貊传》记载，当时的文莱（古称渤泥国）人就能织成一种叫古贝的布。1,000多年来，文莱人手工织布的传统一直没有中断，尽管今天我们早已习惯了穿着机械化生产的衣衫，但在文莱，当地男子每逢重大场合所穿的围腰依然要请人用手工织成。可见人们还是乐于保持一些可贵的传统。纺织展品中有用金银线织成的设计华美的马来服饰，也有绣着《古兰经》的大幅壁画，以及靠垫、桌布、手巾、围裙等日常用品和装饰品。穆斯林不主张偶像崇拜，因此不用人像、动物等具体形象作图案装饰，而变换的几何图形和精心搭配的色彩则成为穆斯林艺术品的主要特色。这些布匹无论从花色还是质地来看，全都是上乘之作，价格不菲，一块长约50厘米，宽约30厘米的手织布售价要500多元人民币。文莱传统手工纺织工艺在追求色彩和图案美感的同时也力求细节完美，例如一块面积不大的蓝底手巾上，除了精美的金色菱形花纹外，还有用金线织成英文的“文莱达鲁萨兰”字样，别具匠心。

三、文莱音乐

（一）马来民歌

马来民歌一般都是小有成就的音乐家在特别的庆祝聚会上演唱的。回应式演唱经常是出现在婚礼上，并有一些宾客加入其中。歌曲“*Alus Jua Dindang*”就是一首著名的文莱婚礼进行曲。在歌曲中，新郎（一般在传统婚礼上事先并不清楚新娘是谁）宣告自己将为新娘奉献终生。

（二）民间音乐

民间音乐通常在许多节日期间演唱，通常由三个人和三名妇女执行。著名的民间音乐有Adai-adai、Benari或者Joget Baju Putiho。

（三）南音管弦乐

起源于中国泉州，泉州华侨把南音带到了南洋各地并在原来的基础上不断发展。泉州南音是保存着中国古代音乐文化最丰富、最完整的一大乐种，有着历史长河中多种典型因素的积淀，被誉为“中国传统音乐的活化石”，是非物质文化遗产。《四时景》《梅花操》《走马》和《百鸟归巢》并称“南音四大名谱”，是南音管弦的代表作。

（四）音乐机关

文莱音乐协会，用于帮助开发文莱的古典音乐，建立于1972年。

文莱群声音乐社，成立于1958年5月10日，是由“高甲戏团—儒剧团—歌仔戏团”逐步演变发展起来的。该社由吴铉滟、林天成、王仁程等人发起，初期有社员48人，后增加到200人左右，下设南音队、群声儿童闽剧团，推动了华人社团鼓励子弟向学的风气。

文莱“丝南顿达鲁萨兰”艺术团，隶属于文莱青年文化体育部，是文莱最负盛名的艺术团。其舞蹈节目均取材于文莱各地的民间文化生活习俗，舞蹈形式与普通生活场景息息相关。

四、民族舞蹈

文莱各民族在生产和生活中创造了自己的文化艺术和民间艺术，而且多姿多彩。文莱马来人的民间艺术中的舞蹈尤具有浓厚的民族特色，多在喜庆之日演出，用打击乐器伴奏，通常以男女之爱、丰收喜悦、劳动的欢乐等为主题。主要有以下几种舞蹈：

（一）莎玛林当舞

莎玛林当舞是根据歌曲《西蒂·莎玛林当》创作而成。表现莎玛林姑娘的美丽贤淑、温柔和孝顺，是马来人心目中理想的姑娘形象。

（二）安丁舞

安丁舞分为巴安丁舞、南榜安丁舞和普通安丁舞。安丁舞仅在喜庆或娱乐时演出，用歌曲伴唱，动作奇特，语言难懂，通常是为了敬鬼求神，消灾解难。

（三）阿都—阿都舞

阿都—阿都舞是克达扬人的传统民间舞蹈，多在庆典和收获后表演，表达人们对丰收后的喜悦和对来年的祈望。舞者多为青年男子，衣着华丽，每人手持两半椰子，互相碰撞，舞蹈欢快，节奏轻松。

（四）吉宾舞

吉宾舞一般在庆典、仪式上表演。舞者由6对男女组成，一般以小手鼓、阿拉伯式六弦琵琶及提琴伴奏。

（五）阿代—阿代舞

阿代—阿代舞是根据文莱渔民最喜欢的歌曲《阿代—阿代》编成的，舞者为成对的男女，一边摇橹，一边歌唱，表达他们对生活、劳动的热爱和对真主的感谢。

（六）波纳里舞

波纳里舞常在喜庆或向神灵还愿时演出，舞者为3对男女，通过互对诗歌，以提琴、手鼓及大鼓伴奏，在嬉笑欢乐中展露真挚的爱情。

在经济全球化和信息时代迅猛发展的形势下，加上流行的现代文化影响，文莱的文化和民间艺术受到不同程度的影响，传统的舞蹈与音乐已出现流失。

第三节　新闻媒体

文莱政府对新闻媒介的管理较严，电视和广播均由政府经营。文莱政府于2001年对新闻媒体制定了新的报业法。新的报业法规定，文莱本国的报业每年进行一次审核，取得许可证才允许经营；报业公司的负责人必须是文莱公民或文莱永久公民；本地报业有关从业人员，未经内务部批准，不得接受外国资助；要取得报纸经营执照，必须交纳一定的保证金；如违反法律，最高罚款可达4万文莱元和判处监禁3年；内务部长有权拒绝发放、撤回执照或暂停报纸出版，或撤销进口报纸，而当事人不得起诉。

一、通讯社

文莱新闻社是唯一的官方新闻机构，创建于1959年。作为亚洲—太平洋广播联盟（Asia-Pacific Broadcasting Union）的成员，可以与该组织的成员国相互提供新闻。由于地域及历史原因，文莱与马来西亚通讯社联系密切。此外，文莱还大量采用西方通讯社的新闻。因此，世界上和本地区发生的较重要的新闻，文莱都能及时报道。

二、广播电视

文莱广播电视台（Radio Television Brunei,RTB），创建于1957年5月，隶属首相府，以马来语、英语、华语和尼泊尔语播音。在马来奕区还设有一个专门为英国廓尔喀部队广播的英国军队广播服务台，从1975年开始以英语和马来语进行转播服务。电视台大部分节目靠进口，其中75%来自美国，其他来自英国、澳大利亚和东盟国家，只有一小部分节目在当地制作。播放的节目除一些进口娱乐性节目外，大多为新闻、歌曲、教育和讲经。1994年起文莱政府放松对外国电视的控制，只要安装必要的译码器便可以收看如CNN、BBC、香港凤凰台、CCTV等外国新闻频道以及外国有线电影频道。

三、报纸媒体

文莱政府通过新闻局出版三份报纸：①《文莱灯塔报》（*Pelita Brunei*），1956年创刊，是马来语周刊，也是政府的主要新闻刊物，每周三出版，每期发行量为45,000份，免费供公众索阅；②《文莱达鲁萨兰简讯》（*Brunei Darussalam Newsletter*），1985年10月创刊，英文双周刊，每期发行量为12,000份，免费供公众索阅；③《文莱达鲁萨兰每日新闻摘要》（*Daily News Digest of Brunei Darussalam*），英文日报，每期发行200份，主要供政府内阁参阅。

文莱有三份独立的商业性英文和马来文报纸：①《婆罗州公报》（*Bornen Bullentin*）,创刊于1953年，当时为周报，英文和马来文兼用。1990年改为日报，现全部以英文进行报道，每期发行量为40,000份；②《新闻快报》（*News Express*），1999年创办；③《文莱时报》（*The Brunei Times*），2006年7月创刊，每期发行量约10,000份。

四、网络媒体

文莱电信启动了FTTH国家宽带项目，力求通过国家级FTTH宽带网络的部署，为文莱全国范围的用户提供高速上网、高清电视等超宽带业务。2009年，世界经济论坛发表“2008/2009年全球信息技术报告”显示，文莱的网络成熟度指数（Networked-Readiness Index）在134个国家中位居第63位，这是文莱首次出现在此项排名中。世界经济论坛每年对全球主要经济体利用信息和通信技术推动经济发展及竞争力的成效进行排名，从而评估各经济体的信息科技水平。目前，文莱唯一的中文信息网为易华网（www.e-huawang.com），最大的新闻网站为（www.brudirect.com），此外还有文莱电视台网站（www.rtb.gov.bn）、文莱旅游网（www.tourismbrunei.com）。

第四节　节日与美食

一、节日

文莱是一个多民族和睦相处的国家，无论是哪个民族的传统节日都会有其他民族的人共同庆祝，节日气氛十分浓郁。文莱的主要节日有：

新年：1月1日。

春节：依照中国农历，大年初一全国放假一天。所有华人都身着中式服装，举着气球，穿梭在满街的红色贺新春的标语广告牌之间，拜年声不绝，道喜声连连。同时各商家也迎来销售高峰，街上还不时有舞狮和耍龙灯表演，气氛浓郁，精彩纷呈。

国庆节：2月23日。

斋月：2月1日—3月3日。

古兰经发现纪念：2月19日。

回历新年：4月6日。

文莱皇家武装部队庆祝日：5月31日，斯里巴加湾市中心和其他一些地区举行庆典和一些军容展示活动。

穆罕默德先知

诞辰日：6月15日，举行圣纪的日子，清真寺院的门楼上飘扬着绿旗，巨大的香炉内点燃着卫生香。数十名满拉，高声齐诵着《古兰经》的相关内容。

宰牲节：7月14日，苏丹向伊斯兰教徒赠送清真牛羊肉和其他食品。

苏丹诞生日：7月15日，第29世文莱苏丹哈吉·哈桑纳尔·博尔基亚的生日，届时满城的焰火和彩带，使这个节日热闹而有趣。

小贴士

苏丹陛下寿辰庆典

每年7月15日苏丹生日都要举行盛大的庆典。当日上午9时，在奥玛尔·赛义夫汀广场举行阅兵仪式，然后苏丹陛下在王宫册封各界有功人士，最高为达图，多为荣誉称号。当晚在王宫举行上千人的晚宴，王室全体成员、各部大臣、副大臣、常秘、司局部官员、各级封号人士、驻文莱各国使节及外国银行与大公司总经理等夫妇应邀出席。除男性王室人员及文莱男士要根据自己的身份着装与佩戴，女士除王室人员外，都穿白色长裙，各国大使要求穿燕尾服，戴黑色领结，也可穿本国民族服饰。

有关苏丹生日和各项活动一般要筹备半年左右，在生日前后一两个月内，王宫与斯里巴加湾市各街道，都要搭起各式彩色牌楼，到处悬挂着“吾皇万岁”的标语，夜间灯火辉煌，热闹非凡。苏丹寿辰两个月之前就开始频频册封高层功勋卓越人员的王室礼仪，这种仪式在文莱王室礼仪宾馆举行，这是根据文莱“马来、伊斯兰、君主制”理念而延续六百多年的传统。苏丹寿辰期间，王宫对外开放供游客参观，以显示文莱为友好、和平的礼仪之邦。

穆罕默德[①]生日：8月9日。

斋戒月：每年回历9月是穆斯林的斋戒月，为期30天。所有穆斯林在日出之后，不吃饭，有的甚至连口水也不容许吞进肚子里去，直到日落后才可自由吃喝。

开斋节：每年回历10月初，根据观察新月定，这是文莱一年中最大的节日之一，也是穆斯林民众传统佳节，穆斯林们会清扫居室、采购礼品、烹制各式美味，穿上节日盛装，开门迎宾、招待亲友。届时斋戒月结束，苏丹王宫也将对游客开放。开斋节期间，家家户户张灯结彩，男女老少都穿上节日盛装，接待任何来客，也可到任何人家做客，互致节日祝贺。

升天节：12月20日。

圣诞节：12月25日。

二、美食

文莱是一个历史悠久的伊斯兰君主国，占全国66%人口的马来族人信仰伊斯兰教。经过多年历史的发展，已形成了别具特色的清真食品，其独特的口味，备受各国游客的喜爱。以绿色、纯净、无污染为特色的清真食品，富有丰富的文化内涵，满足了人们对健康食品的需求。文莱饮食类似于马来西亚，口味偏重，以米饭和面食为主食，最著名的小吃是沙嗲、烤鸡、烤鱼、steamboats，而中国菜中的辣味菜肴、干炸菜肴、川菜、清真菜尤其受文莱人的欢迎。文莱盛产的各种热带水果都是不错的美食，新鲜的水果，非常清新爽口，汁甜味美。

---

①穆罕默德是伊斯兰教的创始人，也是伊斯兰教徒（穆斯林）公认的伊斯兰教先知。

（一）沙嗲

沙嗲是传统的文莱食品，是将腌制好的牛肉、鸡肉、羊肉在炭火上烤，蘸上由花生酱、椰酱、幼虾调制而成的沙嗲酱，味道香醇无比。如果再配以用椰子叶包裹的文莱米饭并加上小黄瓜和洋葱，沙嗲的味道会更浓。据说好吃的沙嗲要有好的腌制方法，烧烤的功夫也是很重要。烤沙嗲分为香脆和软嫩两种手法。

（二）椰浆饭

椰浆饭本是印度尼西亚的宫廷菜，这道菜以前只有在王宫里才能享受到，是王室贵族们非常喜欢的菜肴。椰浆饭看起来和普通的米饭差不多，但实际上却是很不一样。它的做法是将白米饭用椰浆调味后，再加入各种名贵的香料，这样煮出来的椰浆饭口感十分鲜美。此外，在吃椰浆饭的同时，还需要搭配几种配菜，比如红烧肉、调味炸鸡和煮蛋等等。美味当前，若是再来上一些用印度尼西亚特有香料调制出的饮料，则可领略到以前王室的饮食生活。而现在文莱的人们把它当做早餐，就可以看出文莱的人们是多么的富裕了。

（三）拉茶

拉茶是将茶汤用两个杯子拉来拉去，拉得越长，起泡越多，味道就会越好，并且是人们最喜爱和饮用最普遍的含茶饮料。拉茶制作除了配料要求严格外，“拉”是关键技术。正是由于对茶汤的反复拉制，使茶汤和炼乳的混合更为充分，并且牛乳颗粒因受到反复倒拉、撞击而破碎，形成乳化状态，使其既能与茶汤有机结合，又能使茶香和奶香获得充分发挥。入口的味道，与普通的奶茶就是不同，滑滑的，其香味淡淡的，令人回味，奶味、茶味，互不影响，恰到好处。

文莱人在饮食上，对西餐和中餐都能适应，但对比起来，他们更偏爱中餐。对辣味菜肴更感兴趣，尤其干炸类的菜品，更是他们的餐中佳肴。文莱的马来族人有食用佬叶的习惯，一般都与蜂蜜和食用石灰一起嚼着吃，并用以招待宾朋好友。

此外，食在文莱，应注意以下几点：

1. 文莱全国禁酒，任何人在公共场合都不得饮酒，所有酒店、餐厅和娱乐场所均不售酒。

2. 文莱的自来水可以直接饮用。

3. 文莱餐馆的营业时间一般可以到晚上9~10点钟。

4. 周末到餐厅就餐，最好事先预订位置，因为届时每家餐厅的客人都非常多。

第五节　民俗特色

文莱的文化主要起源于位于马来西亚群岛的古马来西亚王国，这反映在国家的语言、建筑、典礼仪式和日常生活的习俗上。虽然各种外国文化对文莱丰富的历史也存在着一定影响，但是也无法磨灭古马来西亚王国给现代文莱带来的深厚印记。

文莱的主要人口为马来西亚人，此外还有华人、印度人、婆罗州土著人。文莱的文化、习俗、信仰都与马来西亚人很相似。国家的官方语言为马来语，大部分人使用英语，国家的多数标牌上用的都是罗马文字。

一、姓名与称谓

马来人的名字通常由两部分组成。前半部分是自己的名字，后半部分是其父名，中间用bin（意为“之子”）或binti（意为“之女”）断开。一般男性名字前面尊称阿旺

（Awang），朝圣过的男子通常在名字前加阿旺·哈吉（Awang Haji）。女性一般在名字前加尊称达扬（Dayang），朝圣过的女子通常称达扬·哈贾（Dayang Hajjah）。皇室成员及与皇室有亲戚关系的人的名字前加本基兰（Pengiran），非皇室成员的达官显要和有功人士被苏丹赐佩欣（Pehin）或达图（Dato）等封号，他们的夫人被称为达丁（Datin）。当面称呼时，可简单称本基兰、佩欣、达图、达丁、阿旺、哈吉、哈贾等。

二、婚姻

文莱的马来人很注重待人接物的礼节，态度谦逊，说话和气，他们也非常注重婚姻生活。婚姻的缔结，首先要经过媒妁之言与父母之命，再经过互送聘礼和嫁妆的阶段。聘礼一般由男方先送，通常把订婚戒指、绣花布、日常生活用品等东西装在“冈沙”（专门装彩礼的器皿）里，挑选几名信任并会办事的妇女送到女方家。在女方家的厅堂里，由一名代表把冈沙交给女方家，女方家经过验收后把冈沙里的东西全部取出来，并当着众人面把女方要送的东西（戒指、服装、各种好吃的东西）装进冈沙。最后就是挑选良辰吉日，在女方家中举行隆重而盛大的婚礼，持续7天，每天都有不同的仪式和项目，广邀亲朋，热闹非凡。马来人的结婚旺季为伊斯兰历的4月和9~12月，婚宴的菜肴为自助餐，来宾随到随吃，也不需要红包，只要给新人真诚的祝福就可以了。普通文莱人结婚后，男方一般要到女方家住，女方家庭地位高于男方时，更是如此。所以在文莱，对于新郎父母来说，儿子结婚意味着成了别人家庭的成员，失落感油然而生，因此，在婚礼上常看到新郎的母亲抱着儿子热泪盈眶的情景。

三、社交习俗

文莱人社交习俗总的特点可以用这样几句话来概括：

伊斯兰国教文莱，“政教合一”重“礼拜”；

斋月期间必斋戒，“破戒”就要受制裁；

国民性格很豁达，为人忠恳讲实在；

只要对方有善意，来者准会受款待；

吃喝任意不勉强，随随便便不见外。

文莱是宗教色彩和马来民族传统较浓厚的国家，有一些独特的习惯和风俗，如：当地马来人与人握手时，通常会把手收回到胸前轻触一下，以示真诚；从有身份的人或长辈面前经过时，要把手下垂并贴着身体，侧身轻步走过等。在文莱时应注意以下几点事项：

1. 参观清真寺或到马来人家做客时，进门前要脱鞋示尊重和清洁，不要从正在做祷告的教徒前走过，非穆斯林不能踩清真寺内做祷告用的地毯。

2. 在指人或物时，不能用食指，而要把四指并拢轻握成拳，大拇指紧贴在食指上；在正式场合下，不要跷二郎腿或两脚交叉。

3. 左手被认为是不洁的，在接送物品时要用右手，招呼人或出租车时也不能用食指，要挥动整个手掌。

4. 很多马来人不愿与异性握手，所以，除非他（她）们先伸出手来，否则不要主动与他（她）们握手。不要用手去摸他人的头部，此举被认为将带来灾祸。

四、礼节礼仪

文莱人与客人相见时，一般都以握手为礼，然后把右手往自己胸前轻轻一扶。文莱的年轻人见到老人后，要把双手放在胸前作抱状，身体朝前弯下和鞠躬。文莱的马来人很注重待人接物的礼节，待人态度谦逊，说话极为和气。家里来了人，不论认识与否，只要对方向自己请安问好，都要笑脸相迎并给予热情的款待。在他们看来，给对方好脸色是对客人的尊敬，向对方问候就是祈祷。客人来了不能问对方想吃点什么，有吃的尽管拿出来，对方不吃不要勉强，吃了不能问对方喜欢不喜欢。客人告辞时，还要向客人表示感谢，并邀下次再来。他们在待客必须使用左手时方能使用左手，但此时他们一定会很有礼貌地向你道一声“对不起”。

五、信仰忌讳

文莱是个政教合一的国家。伊斯兰教化程度很高，伊斯兰教规几乎成了文莱人的生活准则，还有少数人信奉佛教、基督教和拜物教。

文莱人按照《古兰经》的训诫，每天要礼拜5次。即破晓时的“晨礼”，中午的“晌礼”，下午的“晡礼”，日落时的“昏礼”，入夜后的“宵礼”。每星期五必须回到教堂参加聚礼和祈祷。他们受宗教的约束严格禁酒，禁食猪肉，不吃自然死的动物肉和血液。他们对吸烟、浪费粮食、偷懒、破坏社会公德等不良现象也很反对。文莱的印尼人和马来西亚的马来人一样，用餐或传递东西均用右手，使用左手属于失礼行为。文莱人斋月期间，成年穆斯林均须斋戒。“破戒”者要遭人唾弃，重者要由宗教法庭审判。

六、饮食习惯

文莱人在饮食嗜好上有如下特点：

1．注重：菜肴香、酥、脆，量小质高。

2．口味：以不太咸为好，喜欢辣味。

3．主食：米饭、面食。

4．副食：牛肉、羊肉、鸡肉、鸡内脏、蛋类等。文莱人多数为穆斯林，以牛肉和鱼为主，不吃猪肉；爱吃黄瓜、西红柿、菜花、茄子、土豆等蔬菜；爱用咖喱、胡椒、辣椒、虾酱等调料。

5．制法：偏爱用炸、烤、煎、爆、炒等烹调方法制作的菜肴，喜爱中国的川菜及清真菜。

6．菜谱：冰糖凤梨、五丝玉兰卷、香酥鸡、锅烧鸭、干煸牛肉丝、干煎鱼、松子金鸡、咖喱牛肉等。

7．水酒：喜饮咖啡、可可和红茶；文莱虽属禁酒国家，但也有人饮果酒和葡萄酒。

8．果品：爱吃椰子、凤梨、巴梨、洋桃、葡萄、荔枝；干果一般喜欢核桃、杏仁等。

七、衣饰礼仪

文莱人传统服装多以热带人爱好穿的长而宽大的上衣跟沙笼为主，着装都忌黄色（王室象征），一些大的活动，会在请帖上写明：不能穿黄色衣服。因为年轻人比较喜欢出国、旅游等，接触外界事物多，所以他们的服装多以西装为主，特别是在公共场所，其西服与其他国度没有什么差别；女士多以裙装为主，而且她们的裤子是很宽长的，不能穿袒胸、露背、透明、衩高、紧身的衣服，在公共场合多数女士包头巾；老年人，特别是不愿出门的老年人以传统服装为主。文莱重大庆典时，男、女白天穿黑色礼服，晚上穿白色礼服。

第五章
法律制度与政策法规

本章导读

☆政策法规是国家党政机关制定的关于处理党内和政府事务工作的文件，一般包括政府、国务院及其部门制定的规定、办法、准则以及行业的规范和条例规章等。文莱的国体是马来穆斯林君主国，其政体是君主立宪制。因此，文莱的元首苏丹拥有立法、行政和司法等全部国家权力，下设立法委员会，协助苏丹处理立法方面的事务。文莱的经济政策由文莱政府制定与公布，并由各行业主管部门监督实施，已发布了经济发展法（2001）、投资促进法（2001）及工业调整令等相关法规，鼓励发展私营经济以促进经济多元化。并致力改革现行的管理体制，大力提高经济竞争力，以应对各种挑战，使文莱继续享受和平与繁荣。

第一节 法律体系

一、宪法

文莱在1959年9月29日颁布第一部宪法，当时设有最高行政官首席大臣与英国常驻文莱高级专员，向政府提供除伊斯兰教和马来习俗外的所有事务的咨询。1971年和1984年曾进行重大修改。1971年的宪修削弱了英国政府在文莱的统治权，规定英国政府主要负责文莱外交事务，国防则由两国共同负责。1984年，文莱独立，新宪法收回了国防和外交权力，规定建立由首相和大臣组成的内阁政府，取代原来由首席大臣和英国高级专员提供咨询的马来传统政治体系。文莱宪法共包括10个部分，是文莱作为一个国家的根本大法。宪法规定，文莱的国体是马来穆斯林君主制，苏丹为国家元首和宗教领袖，拥有全部最高行政权力和颁布法律的权力。设宗教委员会、继承与册封委员会、枢密院、立法院和内阁部长会议协助苏丹理政。2004年9月，立法院第一届会议审议并通过宪法修正案，内容涉及司法、宗教、民俗等多个方面，共13项内容，包括赋予苏丹无须经立法院同意而自行颁布紧急法令等法令的权力；制定选举法令，让人民参选从政；将立法院扩大到45人，由委任议员30人和民选议员15人组成；伊斯兰教仍为国教，但人民有宗教信仰自由；仍以马来语作为官方语言，英语可作为法庭办案语言等。

二、立法机构

立法委员会是文莱的立法机构，根据宪法行使立法监督权力，审议和通过经苏丹批准的管理国家、维护治安和秩序的法律。如果事先没有苏丹的同意，立法委员会不能讨论涉及财政等问题的法案、建议和要求。而如果苏丹认为是符合国家利益的法案或建议在立法委员会中未通过，苏丹仍可以宣布该法案或建议有效。立法委员会每届任期3年，由8名当然成员、6名苏丹提名的有官职的成员、3名苏丹推荐的无官职的成员、16名民选成员组成。其中的民选成员由各个区议会从其议员中选举产出。

1962年底，文莱人民党发动的武装暴乱失败后，文莱政府颁布和实施紧急状态法，宪法暂停实行。1984年，苏丹正式宣布终止立法委员会的运作，立法由苏丹以“王室公告”方式颁布。

2004年9月，被终止20年之久的立法委员会重新复活，并举行了第一届会议，通过了“宪法修正案”，旨在维护巩固君主制度，要在宪法修正案中进一步加强和巩固苏丹的地位，并赋予苏丹自行颁布新法令以及无须经立法委员会同意颁布紧急法令的权力。

三、司法体制

文莱同时使用世俗和宗教两种法律制度，世俗司法体系以英国习惯法为基础。一般刑事案件在推事庭或中级法院审理，较严重的案件由高级法院审理，最高法院由上诉法院和高级法院组成。文莱民事案件最终可上诉至英国枢密院。宗教法律制定是以伊斯兰教习惯法为基础建立起来的，设有伊斯兰教法院审理穆斯林的宗教案件。立法由苏丹颁布，司法具有独立性。

文莱的司法机构分为中央和地方两级，中央设有司法会议，其主要职能是代表苏丹执行主管司法上的一切权力，各级法院的司法要员均由苏丹任命。审判机关实行审判独立原则，由最高法院、高等法院、上诉法院和地方法院组成。一般刑事案件在推事庭或中级法院审理，较严重的案件由高级法院审理。最高法院由上诉法院和高级法院组成；民事案件最终可上诉至英国的枢密院。文莱的伊斯兰法律制度专门裁决违反伊斯兰教教规的案件；伊斯兰法庭隶属于文莱宗教部，法庭本身拥有首席大法官及一个法官委员会。不服从伊斯兰法庭裁决者，可向宗教委员会提出上诉。

第二节　投资激励的法律制度

一、投资法令

文莱政府于1975年和2001年颁布过投资法案。现行的投资激励法以《2001投资激励法》的形式适用，并于2001年6月1日开始实施。这个法律的完整标题是《为促进文莱达鲁萨兰国的经济发展及附带和相关目标的实现》，从这个名称可以看出，该法的立法宗旨是促进文莱的经济发展及其相关目标的实现，激励的是工商业及其他经济产业的建立和研发。具体说，创新型的企业和服务公司、后创新型的企业、扩展型的企业和服务公司、出口产品和出口服务的企业和公司、进行国际贸易促进的企业和公司、用于生产设备的外国贷款、仓储公司或服务公司以及投资于新技术的公司等等，都在文莱国家投资激励法的范围内。该法充分体现出：以投资项目可能带来的实际利益，确定适当的税务优惠。

文莱工业与初级资源部依据该法令，划定10个工业项目以及这些工业所生产产品为“先驱工业”和“先驱工业产品”，如飞机食品、水泥、药品、铝业、轧钢、化工、船务等，可以在一定期限内免交30%的公司税，以此来吸引外资。

对符合公众利益的以下经营活动，先驱服务公司可享受免所得税，同时可结转亏损和补贴待遇，免税期8年，最多不超过11年，具体包括：实验、顾问和研发的工程技术服务；计算机信息服务和其他相关服务；工业设计的开发和生产；休闲和娱乐服务；出版和教育产业；医疗服务；有关农业技术的服务；有关提供仓储设备的服务；组织展览和会议的服务；金融服务；商业顾问、管理和职业服务；风险资本基金业务；物流运作和管理；运作管理私人博物馆；部长指定的其他服务和业务等。

在“先驱工业”项目中投资的有限公司，按照投资金额的不等，从生产之日起，享受不同程度的免税优惠：金额在50万~250万文莱元的，5年内免税；投资总额在250万文莱元以上的8年内免税；投资在政府建设的高科技园内的企业免税期为11年。同时，投资“先驱工业”的公司，在建厂所需的材料、机械及文莱本地没有的生产原料，进口时可以免交关税，优先在工业区安排场地等。

二、投资政策变化及趋势

尽管文莱政府鼓励外来投资，但长期以来，国家收入过分依赖石油、天然气的开采；人口少而人均国民产值高，人民生活安逸；文莱政策、规章及法令的约束；本地发展马来化倾向的限制、公务员办事效率低以及劳动力匮乏等因素，阻碍和影响了外资的进入。为摆脱经济发展的颓势，恢复人民重振经济的信心，刺激经济复苏及保持经济的可持续发展，文莱政府采取了一系列措施以适应经济发展的具体进程，其中包括欢迎外国投资及跨国公司到文莱，原则上要在共同分享利益的前提下，参与文莱的经济活动。文莱政府在改善投资环境及提高办事效率、搞好服务方面下工夫。首先，文莱政府制定并发布了相关法令、法规，与国际接轨，诸如规范金融体制；制定有关文莱国际会计师标准、防止洗黑钱法令及自由区法令等；效仿新加坡，成立了具有本国特色的文莱国际金融中心；开通了文莱直通上海、香港等的新航线，便利了外来投资者在文莱的内外交通和运输及商务往来；文莱政府部门审批投资者申办项目手续的期限也已缩减为一个月。

第三节　文莱现行的经济政策

政策的连续性是与政局的稳定性直接相关的一个重要因素。它既是政局稳定性因素的重要结果，又是进一步影响政局稳定性的重要因素。文莱政局稳定使得政府政策保持了较好的连续性，有利于吸引外资，同时较好的政策连续性又进一步增强了政局的稳定性。文莱的现行经济政策，主要包括产业政策、财政金融和税收政策、外贸和外资政策等3个基本方面。

一、产业政策

文莱经济规模小，产业结构单一，为改变经济结构单一的弊端，文莱政府进一步加强了实施多元化经济政策的力度，先后出台了一系列政策和措施，鼓励非油气业的发展。重点发展的领域主要包括：

1. 石油、天然气的下游产业及能源工业，如炼油、天然气液化、化肥、塑胶、化工原料生产。

2. 农、林、渔业，包括扩大粮食和蔬菜的种植面积，增加牛、羊、鸡、鱼、虾的养殖及蛋奶的生产，增加粮食的自给率，减少进口。文莱对农产品的进口长期实行零关税，也无关税壁垒，只是对某些食品实行较严格的检验。

3．鼓励国内外商人在文莱投资、经商，促进中小型私人企业、商业部门的发展，允许外资在高科技和出口导向型工业项目拥有100%的股权。

4．推行私有化，逐步将政府管理的电信、邮政、水电、交通等公共服务部门私有化，以提高服务质量和办事效率，减少政府财政负担。通过推行私有化，实现文莱经济由政府主导逐步转向以私人主导的方向发展。

（一）油气工业政策

文莱是一个经济结构单一的国家，石油和天然气是其经济支柱。但石油、天然气作为非再生能源，总会有被开采耗尽的一天。因此，文莱政府早在“五五计划”起就实行经济多元化政策，加大非油气产业的发展，以期减少对油气的依赖。其政策要点：一是限制开采，加强勘探政策，寻找更多的新油田；二是发展油气下游产业，大大提升油气定产值；三是加强石油公司的“文莱化”，使政府从油气业中获得更多收益。

（二）农业政策

为提高农业生产，调动国内农业生产积极性，文莱农业局出台5项激励措施，内容包括：

1．基本鼓励政策：加快引进和推广新技术，提高农业产量；鼓励在农业领域与外国企业开展合资合作，政府在土地、基础设施及病虫害控制等领域加大投入。

2．特别鼓励政策：对农业物资继续提供价格补贴，种子、化肥、杀虫剂、除草剂、农业机械等基本农业物资均可获得政府50%的价格补贴。

3．农业扶持补贴：根据第五个“五年发展规划”中的“水稻价格扶持计划”，继续采用补贴价收购国产水稻；对商业化蔬菜种植农户提供设备支持；由农业发展服务部门为企业提供技术服务，包括兽医服务、食品卫生及安全服务等。

4. 市场促进计划：推动农产品的国内销售和对外出口，指导农户科学、合理地安排生产计划。

5. 企业拓展计划：对为国家农业发展作出贡献的企业进行鼓励和支持，包括增拨用地、改善基础设施等。

（三）渔业政策

为了实现国民经济多元化，促进渔业的发展，文莱政府制定了一系列的优惠政策来鼓励开发商业渔场和海水养殖场，鼓励外资与文莱本地公司开展渔业和海水养殖业合作，希望凭借得天独厚的地理位置，将文莱建成区域海产品加工中心和海产品批发及进出口中心。渔业是文莱政府促进发展的重点领域，相关投资项目和企业可以享受免出口税、销售税、个人所得税、薪工税和生产税等优惠待遇。作为主管部门，文莱渔业局不断推动海产品加工业的发展，积极鼓励包括在渔船靠岸港附近建设鱼类储存及批发中心和地区海产品进出口中心等产业发展的开发项目，还通过推动多项具体工程，促进渔业和水上生态旅游的发展。

（四）中小企业发展政策

据2007年文莱政府统计数据，全国共有8,683家中小企业，其中从事非油气生产的占97.24%，中小企业领域的就业人口占全国人力市场的70%。文莱政府认为，中小企业是带领国家经济成长的“火车头”。为此，2009年，文莱政府采取各种措施，包括为中小企业提供投资奖励和借贷等各项措施。为了解决中小企业财力不足的问题，文莱政府于2009年3月31日起全面放宽中小企业借贷。政府将企业援助基金的最高借贷额从150万文莱元提高至500万文莱元，偿还期从7年延长至10年，小额企业信贷基金的最高借贷额从3万文莱元提高至5万文莱元，偿还期从3年延长至4年。

二、金融和税收政策

（一）金融政策

文莱的金融体系主要由两部分组成：文莱货币局和商业银行，金融业实行对外开放政策，政府很少干预银行事务，通常只按英镑区的规定进行管理。

文莱无外汇管制，文莱元与美元可在文莱自由兑换，外汇可以自由汇入汇出，便利了国际资本的流通，有利于吸引外资。文莱成立了离岸金融中心，其目的是为投资者提供金融增值服务，并制定了适应国际贸易需要、提高效能、降低成本的相关法律，其目标是把文莱建设成为一个“无税天堂”。

（二）税收政策

税收政策作为财政政策的一个组成部分，反映了一国在一定时期内宏观政策的运作方向，税率的高低直接影响着投资者的经营成本。

1. 税务优惠

文莱工业及主要资源部更进一步列出10大项工业，以及这些工业所生产的产品都属于先进工业和先进产品而得到税务优惠，包括如下：食品制造（飞机上的各类食品及各种罐头、饮料）；药品制造（各种药品、维生素丸、糖浆等）；建筑材料（水泥）；钢铁材料（制造用各种钢铁、钢条等）；化学工业（防锈剂、杀菌剂、净化剂以及各种清洁剂等）；造船（船的修理及保养）；造纸（薄纸、餐巾纸）；纺织（各种服装）。文莱政府为鼓励在工业产品方面的投资，规定从生产日起享有以下的税务优惠：第一，投资额在25万文莱元以下者，享有2年优惠；第二，投资额为25万至50万文莱元者，享有3年优惠；第三，投资额为50万至100万文莱元者，享有4年优惠；第四，投资额在100万文莱元以上者，享有5年优惠。

2．豁免缴税

除此之外，投资先进工业产品的公司进口建厂的材料、机械，以及生产原料（只要文莱没有的），也可豁免缴税。

3．税的管理

（1）税的支付，经估定的税一般在收到估定通知后3个月内缴纳。

（2）税的申报：纳税年度是日历年度，有限公司需提供收入申报书，征税人颁发有限公司征税估定书，征税估定以上年纳税额为基础。

4．税种及税率情况

①个人所得税：不征收个人所得税，不征收个人赢利税，也不征收个人从资本、资产销售中获得的利润税。在文莱的非居民也不征收个人所得税。

②公司税：在文莱注册的外国或当地的股份有限公司或注册的分公司，都须缴纳30%的公司所得税。

③自然资源税：石油资源开采税是由所得法特殊条款规定的。此法仿效中东大多数石油生产国的模式。

④印花税：所有的法律档征收印花税。对某种档征收从价税，但随档的性质而有别。印花税率在印花税法中规定。

⑤预扣税：国内公司向非常驻公司借贷，国内公司必须预扣20%的利息税。

⑥国外收入：在文莱注册的公司在文莱收到的国外收入要征税。

⑦土地和财产税：地方当局征收财产税（根据财产多

少），租赁土地根据租金多少征税。

文莱不征收销售税，不征收工资税，出口也不征税。总体看来，文莱税种少，税率低，税赋公平，有利于外资的流入。

三、外贸与外资政策

（一）外贸政策

文莱贸易政策的制定和实施主要由文莱工业与初级资源部负责，财政部、经济发展理事会等其他有关部门参与。工业与初级资源部主要职责包括：鼓励和支持当地企业及外国投资者开展商品生产和服务，保障国家食品安全和就业，推动经济持续、多元化发展。总体上讲，文莱实行的是自由贸易政策。

1. 禁止进口的物品

文莱禁止进口鸦片、海洛因、吗啡、淫秽品、印有钞票式样的印刷品、烟花爆竹等。对某些商品实行临时禁止进口，如水泥、锌皮瓦片等。

2. 进口许可制度

为了环境、健康、安全和宗教方面的原因，文莱海关对少数进口商品实行进口许可制度，植物、农作物和牲畜需由农业局签发进口许可证（植物不能带土），军火由皇家警察局发证，印刷品由皇家警察局、宗教部和内务部发证，木材由森林局发证，大米、食糖、盐由信息技术和国家仓库局发证。二手车由皇家海关，电话装置、无线电由通讯局发证，药品和毒药由卫生部发证，鲜、冷和冻的鸡肉、牛肉由宗教部、卫生部和农业局发证，除了以上有关部门发放进口许可证之外，机动车、农产品、药品与药品相关的产品进口还需提供相关的原产地证书和检查证明。没有商业价值的样品可免税进口，对于有商业价值的样品进口，需交抵押金，如果样品在3个月内出境，可退还抵押金。

3. 贸易中技术性要求

文莱公共卫生（食品）条例规定所有的食品，无论是进口货还是本地产品都安全可靠，具有良好的质量，符合回教清真食品的要求。由于文莱属于穆斯林国家，因此对肉类的进口实行严格的穆斯林检验。另外对酒类的进口也严加控制，对于某些动、植物产品，如牛肉、家禽需提交卫生检疫证书。进口可食用油不能有异味、不含任何矿物油，动物脂肪须来自在屠宰时健康的牲畜并适合人类食用，动物脂肪和食用油须是单一形式而不能将两种或多种脂肪和食用油混合。食用脂肪和食用油的包装标签上不得有“多不饱和的”字眼或其他相似的字，非食用的动物脂肪须出具消毒证明。进口活动物和动物制品须有兽医证明。大豆奶应是从优质大豆中提取的液体食品，可包括糖、无害的植物物质，除了允许的稳定剂、氧化剂和化学防腐剂，不含其他物质，其蛋白质含量不少于2%等。

该食品卫生条例分5个部分，对食品添加剂、包装以及肉类产品、鱼类品、动物脂肪和油、奶产品、冰激凌、糖、酱油和调味品、干果、水果、茶、咖啡、果酱、无酒饮料、盐、香料、粮食等，都有相应的技术标准。该技术标准对食品的生产日期、有效期、食品容器、散装容器食品以及农药最大残留量、稳定剂、氧化剂、防腐剂等都有明确的规定。食品卫生检查包括物理的、微生物、化学、血清、放射性检查等。

4. 服务贸易中的政府工程项目

文莱政府工程项目的招标通告刊登在马来文的政府周报“Petita Brunei”（文莱明灯）上。文莱对政府工程项目规定如下：金额在50万文莱元以下的项目，一般而言仅限于文莱本国公司有投标资格。对于50万文莱元以上的项目，外国公司与当地公司合资注册的公司可投标。外国公司不可以单独投标。

5. 出口限制

文莱政府除了对石油天然气出口控制以外，对动物、植物、木材、大米、食糖、食盐、文物、军火等少数物品实行出口许可证管理，其他商品出口管制很少。

6. 贸易补贴

文莱政府对水稻等农作物的本国生产者在土地、化肥、信贷和农业基础设施方面给予一定的支持和补贴。

（二）海关政策

文莱海关于1906年成立，1984年起由文莱财政部管理，该机构由关税及税收部门、皇家海关及税收部门以及财政部组成。文莱海关是《协调制度公约》的正式成员，履行成员的全部义务。1996年文莱海关加入WTO，采用世界贸易组织标准对进口货物征税，按照WTO规定对与贸易有关的知识产权实行检查。文莱是个低关税国家，目前总体上讲，文莱实行的是自由贸易政策，在东盟国家中和新加坡一起积极主张在最短的时间内实现85%的商品享有0%~5%的关税，1995年4月1日宣布降低650种进口税的重大举措，使文莱成为继新加坡之后东盟国家中第二个实现0%~5%关税的国家，即目前文莱实行的对东盟成员国是除汽车和极少数产品外最高税率为5%的关税政策。文莱现行的关税税率是1995年制定颁布的，其间曾进行过微调，关税税率为0%~5%，食品类等原材料为0%，而电器类和以下商品征5%进口税，香水、化妆品、地毯、珠宝、水晶灯、丝绸、运动器材、汽车等，征收20%的进口税。烟和酒精饮料有特别税率。对进口商品不征收营业税和其他附加税，对其他国家的极少部分商品的进口关税略高于对东盟成员国的关税。海关估价的主要根据是商品的到岸价格（包括成本、保险费和运费）。

上述政策的制定是由文莱国情所决定的，文莱除了石油和天然气外，制造业不多，基本都需要从国外进口。文莱具有单一的关税体制，大部分建筑材料、工业机械都免除进口税。作为东盟成员国，文莱将逐步降低关税税率，消除与其他成员国的关税壁垒。

（三）外资政策

文莱是一个依靠外资和外国先进技术设备来发展经济和社会文化事业的国家。在油气勘探和开采、石油化工、交通基础设施建设等方面，文莱使用了大量的外资，取得了有目共睹的成绩。

文莱鼓励外商前来投资，欢迎大型跨国公司在共同分享利益的基础上参与文莱的经济活动。但为保护民族资本，法律规定，外商一般不能独资经营，必须与本地公司或商人合资，而且文莱方面要占51%以上的股份；鼓励外资在化工、制药、制铝、建材和钢铁及金融业等领域投资，但林业领域不对外资开放；在深海捕鱼方面，政府于1999年放宽政策，在一定范围内，允许合作捕鱼。外商在文莱投资，由文莱工业与初级资源部下属的工业发展局管理。

为了实现经济发展多元化，鼓励外来投资，文莱还制定发布了一系列政策法规，如经济发展法（2001）、投资促进法（2001）及工业调整令等。政府一方面增加对基础设施和信息产业等的投入，改善招商引资环境；另一方面加大招商引资力度，积极鼓励发展中小企业和增加私人投资，努力在石油、天然气的中下游产业、制造业、服务业等领域有所突破。为了吸引外资，文莱采用英国质量标准，对电线电缆、开关设备、变压器、电表等少数几种产品实行强制认证，这些产品必须取得政府部门的认证后方可在市场销售。用于政府项目的各种机电设备和电器，则必须通过政府的认证，才能在工程中使用。近年来，文莱双、多边交往与合作的其中一项内容，就是宣传其港口、工业园区建设等大型建设项目规划，吸引国际社会支持和参与文莱经济多元化战略实施进程。

截至2008年底，文莱共吸引约33.54亿美元外国直接投资，较2007年下降14.8%。其中英国资本居首位，为22.1亿美元，占外资总额的65.7%，其次是荷兰（10.35亿美元），占30.9%；日本（0.83亿美元），占2.5%；美国（0.13亿美元），占0.4%。外资下降主要是因为以下国家对文莱的投资额减少：马来西亚（–98.9%）、新加坡（–98.1%）、日本（–92.9%）及美国（–95.7%）[1]。投资项目主要在石油勘探和开采、天然气液化工程及发电站等方面。

中国对文莱投资仍处于起步阶段，投资文莱的中资企业数量少，但越来越多的企业关注文莱市场，到文莱访问的经贸团组日益增多。截至2010年，在文莱注册公司并正常开展业务的中资企业已有10家，业务范围包括电讯服务、房地产开发、地质勘探、中医药、渔业、农业、水电和道路施工等，但仍未形成投资规模。据中方统计，2010年1—10月，中国对文莱非金融类投资额849万美元，而文莱对华合同投资额4.55亿美元，实际投资额2.47亿美元，中方投资规模有待加强。因中文两国友谊源远流长，随着近年双方领导人互访日渐增多，两国的友好合作将继续加强。举目远眺农、林、渔业、能源开发、金融、旅游与航空，将成为中文合作的重点领域，其中蕴含的无限商机正等待两国商人开拓。

---

①数据来源：Brunei Darussalam foreign direct investment inflows 2008。

第六章

外交政策与对外关系

本章导读

☆文莱是东南亚的一个小国，石油资源丰富，经济发达，有其独特的政治体制、丰富的自然资源和伊斯兰宗教信仰，并利用伊斯兰教信仰来制定本国的外交政策，突出宗教信仰的认同，强调伊斯兰教的价值观念，使得文莱在对外交往中有其自身的特点。独立后，文莱在20多年的外交政策中，利用自身的自然资源和区位优势发展东盟及世界主要大国的经济交往，以经济合作促进政治发展，通过积极的外交活动，发展与世界各国的友好交往，不断扩大文莱在国际舞台上的声音，发挥小国的作用，进而维护了文莱的政治、经济和安全的利益。近年来，随着中国—东盟自由贸易区的建立，促进了中文两国关系的发展。在共同努力下，两国关系近年来健康、稳步地向前发展，政治关系日益成熟，高层交往日趋增多，经贸关系日益紧密，互补性不断加强，双边友好合作关系展现出美好的前景。

第一节　外交政策

文莱奉行不结盟和同各国友好的外交政策，主张国家无论大小、强弱，都应相互尊重。文莱于1984年2月24日加入联合国，并重视联合国作用。1984年1月7日成为东盟第6个成员国，与东盟各国关系密切。视东盟为外交基石，主张通过东盟实现地区稳定、繁荣与团结，2006年7月至2009年7月任中国—东盟关系协调国。是亚太经济合作组织（APEC）和亚欧会议（ASEM）成员，重视维护地区和平、安全与稳定，对区域性经济合作持积极态度，主张各国实行贸易、投资自由化和开展经济技术合作。认为近年来国际形势的变化对国际关系产生了深刻影响，联合国和地区组织应在维护和平、保持稳定和促进发展中发挥作用。支持联合国改革，希望通过改革加强联合国的地位和作用，提高联合国的效率和活力。认为安理会改革应多倾听中小发展中国家的声音，增加发展中国家的代表性。重视同中国、美国、日本等大国关系。积极发展同伊斯兰国家间的关系，是伊斯兰会议组织成员国。是英联邦和不结盟运动等国际组织成员国。1993年12月9日加入关贸总协定，1994年4月15日成为世界贸易组织成员国。

近年来，文莱积极参与地区和国际事务。2000年，成功主办了第八次亚太经济合作组织领导人非正式会议。2001年成功主办了第七次东盟领导人会议和第五次东盟与中、日、韩10+3领导人会议。2002年成功主办了第九次东盟地区论坛（ARF）外长会。目前，文莱已加入了东盟（ASEAN）、亚太经合组织（APEC）、伊斯兰国家组织（OIC）、联合国、不结盟运动等国际组织，共与143个国家建立外交关系，在32个国家设有使领馆或高级专员署（英联邦国家对使馆的称谓）。

第二节 与东盟国家的关系

文莱是东盟成员国，与东盟其他各国均互设大使馆或高专署，关系密切，来往甚多。文莱非常重视东盟的作用，把东盟当做保持东南亚地区安全与稳定的可靠支柱，把发展与东盟的关系视为自己的外交基石。文莱在独立后一周便加入东盟，成为东盟第6个成员国，文莱加入东盟将标志着这个国家集团自从5个创始国（印度尼西亚、新加坡、马来西亚、泰国和菲律宾）于1967年签署《曼谷宣言》以来的第一次扩大。文莱在东盟内部起着积极的作用并且清楚地把它看做该地区稳定的力量和促进地区合作的一种方式。

在与东盟各国交往中，文莱加强了与邻国新加坡、印度尼西亚的关系，改善了与马来西亚的交往，巩固了与泰国的外交关系，进一步发展了与菲律宾的友好关系。1992年文莱与越南建立大使级外交关系，进而又在东盟组织扩大后，加强与老挝、柬埔寨和缅甸的来往与交流合作。可见，东盟是文莱外交政策的基础。目前，文莱的外交活动基本上是在东盟框架内展开的，并以东盟成员国的身份，在区域和全球性重大问题上与东盟其他国家保持一致。尽管文莱是东盟众国中国土面积最小和人口最少的国家，且独立时间短，但由于文莱丰富的油气资源，使得文莱成为东盟少有的高收入国家之一，并以其雄厚的财力在东盟机构中发挥一定的作用。

一、与新加坡的关系

在东盟各国中，文莱与新加坡联系最为密切，两国货币等值流通。在军事领域，新加坡帮助文莱训练军官，文莱为新加坡提供军事训练基地——新加坡的一个步兵营和炮兵营定期在文莱进行丛林作战训练。在政治和外交上，两国政府首脑和高级官员频繁进行互访。在行政管理方面，新加坡为文莱的大多数行政管理部门提供咨询和培训服务。在经济方面，两国的互补性强，文莱盛产的石油和天然气为新加坡所需要，而新加坡充裕和先进的技术力量为文莱提供广泛的技术支持，双方的合作有着现实的基础。两国经济合作中最突出的是金融业和贸易：在金融方面，文莱元和新加坡元等值流通，保持两国货币对第三国货币的比值稳定符合两国的利益；在贸易方面，文莱从新加坡进口大量日常消费品。两国互访情况：2009年1月，文莱王储比拉访问新加坡；2月，新加坡内阁资政李光耀访文；11月，文莱皇家武装部队司令哈尔比少将访问新加坡。

二、与马来西亚的关系

马来西亚和文莱同种宗教，在经济、文化方面关系密切。但在20世纪六七十年代，因马来西亚支持文莱政府的反对党，两国关系一度恶化。在文莱独立前期，经过两国的共同努力，关系得到改善，也加强了在政治、经济方面的合作。文莱独立后，两国加强政府首脑和高级官员的互访，经贸合作得到进一步发展。两国互访情况：2008年5月，苏丹访问马来西亚；7月，苏丹赴马来西亚出席吉打州苏丹登基50周年庆典，王储比拉访问马来西亚；8月，苏丹访问马来西亚沙捞越州首府古晋，出席该州加入马来西亚联邦45周年庆典。苏丹对马来西亚进行工作访问，与马来西亚总理巴达维举行两国领导人第12次年度磋商，双方发表联合声明。2009年2月，文莱苏丹哈桑纳尔访问马来西亚东马；3月，马来西亚总理巴达维访文；4月，马来西亚总理纳吉布访文；5月，马来西亚武装部队总司令阿齐兹上将访文；8月，马来西亚总理纳吉布访文，两国举行第13次年度磋商。10月，文莱苏丹哈桑纳尔出席马来西亚森美兰州最高统治者穆赫里兹的加冕仪式。

三、与印度尼西亚的关系

由于历史、地理、宗教等方面的原因，文莱与印度尼西亚的关系密切。但在20世纪六七十年代，因印度尼西亚支持文莱政府的反对党，两国关系一度恶化。到70年代后期，印度尼西亚改变了对文莱的态度，积极主张并支持文莱加入东盟，两国关系渐变友好，并于1984年2月建交。印度尼西亚帮助文莱训练行政和军事人员。两国领导人多次互访：2008年4月，文莱苏丹访问印度尼西亚，两国签署《文化合作谅解备忘录》；2009年3月，文莱、印度尼西亚友好协会成立；4月，印度尼西亚农业部长阿里亚托访文，与文莱工业和初级资源部长叶海亚举行会谈，双方表示将加强在害虫综合治理、泥炭土治理以及水稻种植等领域的交流与合作，并同意尽快签署一项谅解备忘录，作为进一步开展合作的基础；11月，印度尼西亚外长纳塔勒加瓦访文，拜会了文莱苏丹，并与文莱外长穆罕默德亲王举行了双边会谈。

进入21世纪以来，文莱与印度尼西亚的经贸合作发展迅速。2009年印度尼西亚是文莱的第三大出口目的地，同时，大量印度尼西亚劳工在文莱工作，为文莱经济发展作出了贡献。大力发展旅游业的印度尼西亚视文莱为最具潜能的旅游新兴市场，高消费力的文莱游客为印度尼西亚旅游业发展贡献良多。

四、与其他东盟成员国的关系

文莱与菲律宾的关系发展平稳，在经济上尤其是建筑业方面有密切联系。菲律宾在建筑方面大力支援文莱，承包主干公路和其他重要项目的建筑工程，并向文莱提供了大量的熟练劳工。文莱同泰国的关系一向友好，泰国是文莱大米的主要供应国之一，文莱90%的大米来自泰国。文莱与越南、老挝、柬埔寨和缅甸等东盟新成员的来往和交流亦逐渐增多。文莱目前在越南有近百个投资项目，投资总额47亿美元，在89个对越投资国中列第12位。

2008年1月，缅甸总理登盛访文；3月，柬埔寨国王西哈莫尼访文；7月，泰国总理沙玛访文。2009年1月，文莱苏丹哈桑纳尔访问菲律宾；3月，菲律宾农业部长黄严辉访文，泰国三军总参谋长颂吉迪上将访文；4月，文莱工业与初级资源部部长叶海亚访问菲律宾，签署《农业合作谅解备忘录》；6月，泰国空军司令伊塔蓬访文。7月，泰国国会议长、下议院议长荣育·迪亚拜拉访文。

第三节 与西方国家的关系

一、与英国的关系

文莱独立前长期为英国的保护国，从1888年至1983年的95年期间，文莱的外交事务一直由英国掌管，至今两国仍保持着密切的政治、军事、经济、司法联系。英国帮助文莱培训高级军官，并供应武器装备。1992年，文莱苏丹应邀对英国进行独立以来的首次国事访问。1995年1月，文、英双方签署新的司法安排协议，规定自1995年1月31日起，文莱上诉法庭将成为刑事案件的终审庭，但仍将允许民事案件上诉到英国枢密院。文莱赴英留学人员逐年上升，2007年为1,315名。2008年4月，英国国防参谋长、空军上将约克·斯蒂洛普访文，拜会了文莱苏丹；6月，苏丹与英国首相布朗在唐宁街举行会谈；10月，英国皇家国防研究学院代表团访文。英国王储查尔斯王子访文。2009年1月，文莱首相府能源部长穆罕默德、外交与贸易部第二部长林玉成和国防部副部长亚斯敏访英；6月，英国国际防务与安全大臣泰勒访文，文莱苏丹哈桑纳尔访问英国。

另外，英国在文化和教育上也对文莱有很大的影响。文莱在外国的留学生有将近一半在英国接受教育。

二、与美国的关系

文莱重视与美国的关系，1984年独立后即与美国建交，并于同年2月9日派出首任驻美大使。文莱与美国两国关系良好，1994年开始互免签证。双方在军事和石油勘探开采上都有密切关系。1984年两国海军开始联合演习。1994年11月，双方签订《国防合作谅解备忘录》。2000年8月，文莱和美国联合举行海上备战和训练合作军事演习。2008年4月，美太平洋司令部司令基廷访文，拜会了苏丹哈桑纳尔和王储比拉，美海军两艘舰艇访文；8月，文美海军在文莱附近海域举行第14次“卡拉特”年度军事演习；11月，美“罗纳德里根”号航母与文、新、菲海军举行演习。

三、与澳大利亚的关系

文莱、澳大利亚两国于1984年建交，关系良好。1983年澳大利亚在文莱设立了一个外交代办处，文莱独立后升格为大使馆。两国之间开展贸易往来，文莱在澳大利亚北部买下了两个大型牧场，其总面积比文莱国土还要大。澳是文第三大贸易国，2008年澳大利亚从文莱的进口额占总进口的7.3%。澳主要向文出口汽车、电器和建筑材料、食品、牛羊肉、加工肉食品、水果、蔬菜，文向澳出口石油、天然气。两国在军事领域的合作也不断加强。1985年，两国签订防务合作协议。1998年9月，签署《联合军事演习备忘录》。1999年5月，澳武装部队司令访文，与文签署《国防合作谅解备忘录》。2008年5月，文澳警方签署合作谅解备忘录；8月，澳大利亚在文莱举行教育展，目前大约有1,000名文莱学生在澳学习；12月，澳总理特使查德·伍尔考特访文。

第四节　与其他国家的关系

一、与日本的关系

文莱、日本两国于1984年4月建交，双边关系密切。日本是文莱的最大经贸合作伙伴，是文莱石油和天然气的主要出口市场。日本向文莱出口汽车与机械产品，文莱向日本出口石油和天然气，2008年文莱向日本出口商品总额达645.5亿文莱元，占总出口额的43.2%。1991年5月，日本首相访问文莱，是文莱独立后日本首相第一次对文莱的访问。在军事合作方面，日军舰分别于1999年、2001年、2003年、2005年和2007年访文。2006年6月，文、日两国在东京开始首轮自由贸易谈判。2008年7月，文莱—日本自由贸易区协定正式生效。《文日经济伙伴协议》联合委员会举行第一次会议。文日签署“婆罗州之心”技术合作谅解备忘录。8月，文日签署太阳能发电合作谅解备忘录。11月，日本东南亚青年观摩船“日本丸”号访文。文莱26名学生赴日参加“日本—东亚学生青年交流项目”。2009年1月，文莱外交与贸易部长穆罕默德亲王访日，与日签署《避免双重征税协定》；11月，文莱外交与贸易部长穆罕默德亲王访日。

二、与韩国的关系

1983年韩国在文莱设立领事馆，1984年文莱独立后设使馆，韩国承认文莱并要求建立外交关系。韩国是文莱第二大贸易国和油气出口国，也是继日本后第二大天然气出口国。1986年7月，文莱外长访问韩国，双方讨论了发展和加强双边关系的问题，韩国承诺了让本国公司参与文莱1986—1990年五年计划中拟定的建筑和农业开发项目。2008年7月，文韩签署邮政合作谅解备忘录。10月，韩国知识经济部能源官员访文，寻求开展两国能源合作。11月，韩国星系产业国际合作振兴院在文莱举办通讯技术展览。

进入21世纪后，文韩两国间贸易发展迅速。韩国出口文莱的商品种类繁多，其中出口汽车居多，文莱向韩国出口的主要是天然气，其生产的天然气有10%出口韩国。

三、与俄罗斯的关系

文莱、俄罗斯两国于1991年建交，关系发展平稳。1998年4月两国签署航空协定，12月文莱在莫斯科开设使馆。2005年6月，苏丹访俄，两国元首一致表示要加强在能源、贸易、投资和军事上的合作。2008年12月，俄总理普京签署命令，称俄将在文设使馆。

四、与印度的关系

文莱和印度于1992年建立外交关系，并将在文莱开设大使馆。两国于2003年开始有原油贸易关系，印度首次向文莱购买了180万桶的诗里亚轻型出口标准原油。2004年1月，文莱壳牌石油公司续签了与印度石油机构（IOC）的石油供应合同，新合同下，印度将再向该公司购买360万桶，约合每天1万桶。2006年11月，文莱交通部长阿布·巴卡尔访问了印度，就加强文印双边在信息产业领域的合作进行了探讨，并参观了印度信息产业的企业和设施，双方同意在以下项目中加强合作：培植信息产业企业发展、加强公共部门和企业界合作、实施电子政务项目以及信息产业人力资源开发。2008年6月，文莱苏丹对印度进行国事访问，这是文莱苏丹10年来首次访问印度。访问期间，文印探讨了扩大两国能源合作和促进双边经贸合作等议题，签署了双边投资保护和促进、建立联合贸易委员会、促进两国资讯与通讯技术合作、促进双边文化艺术传媒及体育领域合作、卫星及发射器遥测跟踪和遥控地面站和空间科学研究及应用合作等5个谅解备忘录。

第五节　与中国的关系

一、外交关系

中国和文莱同为亚洲的文明古国之一，早在公元5世纪文莱就已经正式与中国有了官方交往。中国与文莱于1991年9月30日建交。1993年10月和12月，文、中两国先后在对方首都设立使馆，并互派常驻大使。建交以来，两国关系稳步发展，双方高层接触频繁，各领域友好交流与合作不断扩大。当前，中文关系已进入全面发展的新时期。两国高层交往频繁，在经贸、文化、教育、旅游、军事等领域的合作成效显著，在国际和地区事务中保持良好的协调与配合。2008年以来，中文关系继续保持良好发展势头。1月，中央军委主席、国务委员兼国防部长曹刚川访文，苏丹哈桑纳尔会见。2月，中国外交部长杨洁篪访文，其间拜会了苏丹哈桑纳尔，并与文莱外交和贸易部部长穆罕默德亲王会谈。苏丹哈桑纳尔8月和10月先后来华出席北京奥运会开幕式和第七届亚欧首脑会议。胡锦涛主席在亚欧首脑会议期间会见苏丹。9月，文莱武装部队司令哈尔比少将访华并观摩“砺兵—2008”军事演习，总参谋长陈炳德会见。10月，文莱外交和贸易部无任所大使玛斯娜公主到南宁出席第二届中国—东盟妇女论坛、第五届中国—东盟博览会和中国—东盟商务与投资峰会，并赴南京出席渤泥王加那访华600周年纪念活动，王岐山副总理在南宁会见。2009年1月，中国全国人大常委会副委员长周铁农访问文莱。2月，副总参谋长葛振峰访文。5月，文莱工业与初级资源部部长叶海亚访华。8月、12月，文莱外交与贸易部第二部长林玉成访华。9月，中央政治局委员、中共天津市委书记张高丽访文。文莱国防部副部长亚斯敏访华。2010年1月，戴秉国国务委员访文。5月，文莱外交和贸易部长穆罕默德亲王出席上海世博会文莱国家馆日活动。

二、中文贸易关系

中国与文莱的贸易早在唐代的时候就已开始，历经宋元明清各代经久不衰，直到19世纪中后期文莱逐渐沦为英国的保护国后才被迫中断。新中国与文莱的贸易关系始于1958年，彼此间经由新加坡第三地进行转口贸易，并以中国向文莱出口食品和轻工业为主。在文莱独立前及独立后的一段时间内，中文之间没有直接的贸易通商往来，而是通过香港、新加坡等第三地进行转口。因此，当时中文贸易关系发展缓慢，贸易额也长期处于较低水平。直至1991年，中文建交后，双方贸易往来频密，才开始出现一个同步、平稳发展的趋势。

从进出口商品结构来看，中国对文莱出口商品的种类较为丰富，主要有纺织品、钢材、水泥、通用工业机械设备及零件、非金融矿物制品、电信设备、家具及食品等。近年来，中国汽车制造业发展迅速，各种品牌汽车也陆续进入文莱市场，如奇瑞、宇通、吉利、中兴等。家电（海尔、格力、苏泊尔等）行业的知名品牌已在当地市场销售，中国日用消费品在当地超市随处可见。相反，中国从文莱进口的商品种类较为单一，基本上是原油。从20世纪80年代中国就从文莱进口少量石油，2000年达到28万吨，金额达6,135万美元。在两国政府的推动下，2000年中石化公司与BSP（文莱壳牌石油公司）签署《钱皮恩石油协议》，2001年中国进口石油金额为1.475亿美元，2002年更达2.42亿美元，2003年达到3.12亿美元（约100万吨）。2003年10月中石油公司与BSP也签署了采购原油协议。

2009年中文贸易额4.2亿美元，比2008年增长93.5%。其中中方出口1.4亿美元，增长8.4%，进口2.8亿美元，增长217.5%，创历史新高。截至2010年1—3月，中文贸易额2.12亿美元，同比增长411.5%。其中中方出口0.35亿美元，增长36.2%，进口1.77亿美元，增长1020.1%。可见，随着中国—东盟关系的深入发展，中文两国贸易也进入一个快速发展的阶段。

三、中国与文莱的经济合作

中文两国经贸合作进一步拓展，2008年5月，双方举行首次经贸磋商。9月，广东省海洋渔业局和文莱工业与初级资源部渔业局签署渔业合作谅解备忘录。10月，工业和信息化部与文莱交通部签署关于加强信息通信领域合作的谅解备忘录。到目前为止，已先后有华为公司办事处、中兴公司驻文莱办事处、中原对外工程公司经理部、中海油（文莱）有限公司、中铁二局深圳港创公司文莱公司、天狮（文莱）公司和龙胜公司等中资机构在文莱注册从事经营活动。尽管中国企业对文莱的投资已取得一定的成效，但尚处于起步阶段，投资领域主要集中在电讯、建筑等行业。根据中国商务部统计，截至2010年3月，文莱对华直接投资项目1,540个，合同外资额52.32亿美元，在亚洲国家（地区）对华投资中占比0.24%，实际利用外资额18.02亿美元，占比0.19%。2010年1—10月，中国对文莱非金融类投资额849万美元。

在农业合作方面，由于文莱农业欠发达，大量农产品需要从国外进口，长期以来主要来源地为东盟各国。所以，扩大中国农产品和农业技术的出口，应是中国企业与文莱进一步深化农业领域合作的重要方面。目前已有中国企业和文莱企业在大田作物和生物技术的一个合资经营战略领域签署了谅解备忘录，拟参加文莱的沃森大米项目开发。此外，在清真产品的加工和销售方面，文莱也着手开发中国这个潜在的巨大市场。目前已有中国宁夏、吉林的清真产品企业与文莱企业在国际清真食品产业领域展开合作与交流。

在渔业合作方面，文莱海域位于热带，渔业资源丰富，中文双方在渔业资源和渔业技术上具有较强的互补性，使得中文渔业合作成为可能。中国广东省海洋与渔业局自2006年以来就与文莱方面开展了渔业经贸合作。随着两地企业间合作的逐步深入，双方在2008年9月10 日签署了渔业合作谅解备忘录。根据备忘录，广东省与文莱将在推进企业合作、网箱养鱼、赤潮研究、技术培训等领域开展交流与投资合作。

在信息通讯技术合作方面，电子政务建设及信息产业发展也是文莱经济多元化重点发展领域之一。2008年10月22日，在中国广西南宁举办的第五届中国东盟博览会的主题为“信息通讯技术合作”。在博览会上，文莱交通部与中国工业与信息化部签署了双边电信合作谅解备忘录，内容涉及人力资源培训、网络与信息安全、软件与硬件技术发展等多个领域，旨在进一步加强双边在信息通讯领域的交流与合作。

中国与文莱经济结构互补性强，文莱基础行业以及技术开发等方面都比较薄弱，而中国在以上行业具有技术优势，可以给文莱提供帮助，而中国则需要从文莱进口大量原油天然气发展经济。同时，作为亚洲大国之一，中国拥有强大的消费市场和投资市场，文莱在大力吸引外资投入的同时也在寻求向外投资，中国投资回报率高，沿海经济发展较快，目前已形成政府主导，民众积极参与的良好形势。随着中国—东盟自由贸易区建设的实质性全面启动，中文经贸关系在保持双边经贸互利合作稳步发展的同时，增加了多边经贸合作的途径和平台。在这种多重协力、齐头并进的相互作用之下，中国与文莱的经贸合作必将从中获益，并取得更快、更好的发展。

四、其他领域交流与合作

两国在民航、卫生、文化、旅游、体育、教育、军事、司法等领域的交流与合作逐步展开。先后签署了《民用航空运输协定》（1993年）、《卫生合作谅解备忘录》（1996年）、《文化合作谅解备忘录》（1999年）、《中国公民自费赴文旅游实施方案的谅解备忘录》（2000年）、《高等教育合作谅解备忘录》（2004年）、《旅游合作谅解备忘录》（2006年）。2002年1月，文莱皇家航空公司开通了斯里巴加湾至上海航线。两国于2002年和2004年分别签署了《中华人民共和国最高人民检察院和文莱达鲁萨兰国总检察署合作协议》和《最高法院合作谅解备忘录》。2006年4月，最高人民检察院贾春旺检察长访文。2003年9月，中央军委委员、总参谋长梁光烈访文，双方签署了《关于开展军事交流的谅解备忘录》；11月，中国海军舰艇编队首次访文。2004年9月，文莱武装部队司令哈比少将访华。2005年10月，文莱国防部副部长亚斯敏访华。2006年7—8月，中国人民解放军军乐团赴文参加文莱苏丹60岁诞辰国际军乐节庆典活动。2007年内，中文两国有望互设武官处。2003年7月起，中国对持普通护照来华旅游、经商的文莱公民给予免签证15天的待遇。2005年6月，两国就互免持外交、公务护照人员签证的换文协定生效。2004、2005年分别成立中国—文莱友好协会和文莱—中国友好协会。2008年4月，文莱军事训练学院青年军官培训班首次赴华参观访问。文莱大学和中国驻文莱大使馆共同举办首届“中国语言与文化周”。文莱教育部长拉赫曼访华。10月，第二届汉语水平考试在文莱举行。11月，云南省艺术团赴文演出。随着时间的推移，双方在军事、教育、文化等领域的交流与合作将继续扩大。

五、重要双边档

1991年9月，钱其琛外长和文莱外交大臣穆罕默德·博尔基亚亲王在纽约签署《中华人民共和国政府和文莱达鲁萨兰国苏丹陛下政府关于两国建立外交关系的联合公报》。中华人民共和国政府和文莱达鲁萨兰国苏丹陛下政府，根据两国人民的利益和愿望，决定自本联合公报签字之日起建立大使级外交关系。两国政府同意在和平共处五项原则和联合国宪章的基础上发展两国之间的友好合作关系。

1999年8月，文莱苏丹对华进行工作访问期间，双方发表关于两国关系未来发展方向的《联合公报》。以期进一步发展两国的友好关系，加强两国在文化领域的合作和交流。

2000年11月，中文双方认识到相互鼓励、促进保护投资有助于激励投资者的经营积极性及增进两国繁荣，并发挥投资的技术转让和人力资源发展对经济的重要性作用，在平等互利原则的基础上，加强两国间的经济合作，在斯里巴加湾签署了《中华人民共和国政府和文莱达鲁萨兰国政府关于鼓励和相互保护投资协定》。

在中国台湾问题上，文莱政府坚持一个中国政策。2006年3月，中国台湾曾关闭驻文办事处，2007年3月重开。2005年文莱与中国台湾贸易额约为1,457万美元。

第七章
优惠政策与投资指南

本章导读

☆在东盟10国中，文莱社会稳定，人民富裕，但本地市场较小，且经济结构单一。因此，文莱大力推行经济多元化政策，招商引资，为外国投资者提供了优惠和适宜的投资环境。文莱在农业、渔业、服装、制造业及旅游业等方面均蕴藏巨大商机，是广大投资者的重要投资领域。另外，投资蕴含着风险，企业在文莱建厂立业时，要做好风险分析，建立一套防范风险的措施，并了解相关的救济管道。此外，在文莱经商必须熟悉并适应当地特殊的贸易环境和文化背景，采取有效措施拓展业务；也应熟悉文莱相关产业的政策及注册公司的程序，熟知自身可享有的权利及需承担的义务，并要尊重当地的风俗习惯，做到入乡随俗。

第一节 投资环境

从投资环境来看，文莱拥有许多优势：政治稳定，国家富裕，市场化程度高，税收政策优惠，政策透明度较高，同时地理位置较为优越，临近东盟东部地区，贸易和投资的风险相对较低。文莱在世界经济论坛2009年9月公布的2009—2010年全球竞争力排名中列第32位，其中高预算盈余率列第4位，宏观经济稳定性列首位。

投资者会发现，文莱提供一流的投资环境，确保投资者得到投资收益。部分主要理由是：

1. 文莱社会稳定，经济兴旺，人民富裕，有“和平之邦”之称，不仅具备完善的基础设施，而且在东盟成员国家中占据显赫的战略地位；地理位置优越，无台风、地震和洪灾；空、海交通便捷，从亚洲各地都可以很方便地到达文莱。目前，文莱已开通到上海和中国香港的直航，每周3~4班。另外，文莱拥有深水良港摩拉海港，拟将其打造成地区航运中心。

2. 文莱是税收天堂，这里免征个人所得税、销售税、工资税、制造或出口税，而且，经过批准的海外投资者还可享受长达8年的公司免税期。

3. 关于外国人平等参与权的规定非常灵活。在很多情况下，可谓百分之百的外国人所有权；无论是劳工还是管理人员，获准来文莱工作非常容易，无任何担保批准的要求。

4. 在周边国家中，文莱是公共事业成本最低的国家之一。

5. 文莱本地市场规模相对较小，这对投资者也是有利的，因为大多数海外投资者几乎没有本地的竞争对手。

6. 在本地区，文莱的生活条件是最好最安全的。文莱是一个安全的国家，无恐怖主义的威胁，治安严谨，政府保证本国公民及文莱居住者的安全。

综上所述，文莱真诚欢迎海外投资者进入文莱投资立业，保证外来投资者能够得到快捷、高效和实际的相关协助。

第二节　投资策略

一、农业投资

（一）投资机会

随着文莱整体经济的增长，对缺乏的土地和水资源的竞争逐渐加大。在农村，可更新资源常常被要求用于城市工业的发展。在资源重新配置的过程中，文莱也认识到需要将传统的农业改造成为现代农业食品网络。文莱遵循对外开放的政策，扩大农业和农业综合企业的发展，将文莱设成为东南亚分区的农业食品加工中心。因此，在农产品生产以及为满足国内和出口需求的农业食品加工领域，投资机会众多。

（二）投资领域

1. 农业食品加工

家禽产品、红色肉类及其他农作物产品可以从邻国进口，加工成高价值的食品，如咸肉、罐头制品、香肠、碎肉夹饼、块状食品、肉丸、果汁及饮料、果脯与蔬菜、谷类食品、糖果以及面包。东盟地区拥有5亿多人口，对屠宰肉类食品和加工农业食品需求量巨大。据保守估计，在文莱富有的市中心，近3%的人口人均消费5公斤/月的鸡肉和红肉类食品，其潜在市值达16亿文币。如果增加加工蛋类、谷类和其他农作物产品的消费，潜在的市值可能达到20亿文币。另外，文莱可以凭借东盟市场作为一个跳板，参与全球更大的屠宰肉类食品市场的竞争。综上所述，在农业及农业综合企业拥有许多的投资机会，即：家禽生产与加工、屠宰肉类食品加工、动物饲料生产、谷类及面粉生产、植物油的提取、增值的农业食品和保健品与化妆品等。

2．农产品投资

文莱的热带气候适合种植各种热带农作物。为满足当地对水果和蔬菜的需求，园艺具有很大的潜力。文莱每年水果进口超过10,000公吨，价值3,600万文币。进口蔬菜约7,600吨，价值近1,000万文币。另外，文莱每年进口稻米3,600万文币。

种植水果也是一项引人注目的投资，不仅满足了当地需求，也支持了文莱农业食品加工业的发展。种植热带柑橘、香蕉及其他本地水果是一个很好的投资项目。在马来奕区的拉比地区，有许多成功的小规模的柑橘种植园。文莱促进水果种植业发展的主要措施包括加强水果产区的基础设施建设，提高水果种植技术和果园管理；引入农场合格审批制；推行农作物保护项目；加强植物检疫；推行土壤肥力评估项目；推行密植栽培技术等。文莱国家农业部已向第九个国家发展计划递交了一份申请，申请资金110万文莱元用于文莱水果业发展。计划到2012年文莱水果产量达到9,900 吨，能满足国内需求量的50%。

种植蔬菜。在可控制的环境下，利用高科技种植蔬菜是另一个好的投资领域。可利用文莱液化天然气（BLNG）工厂产生的冷气，对环境温度进行控制来培植温带蔬菜和农作物。根据可行性研究报告，若投资500万文币建立一个液化天然气工厂，每年的回报率是8.7%，约为44万文币。

现在，水栽培技术在文莱正广泛用于种植高价值的蔬菜和水果，如甘蓝类蔬菜、菠菜、莴苣、黄瓜、西红柿、硬皮甜瓜以及青菜。文莱欢迎并支持在上述形式的园艺投资。

稻米对维持国家稳定具有特殊的重要性，也是文莱的主要食粮。但文莱的大米自给率低，需要从泰国进口大量大米，加上文莱水稻种植面积少，缺乏经验。而事实上，有正确的管理和合适的资源投入就能提高种植稻米的生产力。因此，文莱政府大力支持在文莱大规模种植稻米，并欢迎潜在的投资者对大规模种植稻米提供建议。

3. 家禽

家畜类农产品生产是文莱农业的主要构成部分。目前，家畜类农产品生产价值达8,300万文币，其中主要是家禽类农产品生产。不过，家畜类产品的加工与深加工正成为农业经济增长的潜在引擎。

文莱在鸡肉和蛋类生产方面已经完全可以自给自足，每年鸡肉生产量超过15,000吨，蛋类1.2亿个。家禽生产的下一个发展阶段是关键，即扩大加工与深加工，由此可能进一步刺激市场对家禽产品的需求，从而推动产业的发展。

高技术饲养现在成为文莱家禽生产的一个共同特点。尤其分层饲养达到了高度机械化，在进一步发展后可以实现蛋类产品的实时加工。优质的饲料、品种和正确的管理使家禽生产成为文莱农业综合企业发展的一个可效仿的模式。

4. 反刍动物饲养

在很大程度上，反刍动物饲养的前景取决于作为饲料的生物量能否进行有效生产。随着住房以及其他商业用途对土地的需求不断增加，反刍动物的饲养系统也有了可选择的余地。大量的生物体可以公开招标价格并从本地区获取。文莱鼓励利用以下系统饲养反刍动物：

（1）农业鼓励措施在意见一致的提议下，在合理的期限内，半开发土地的租价为每年100文币。

（2）基础设施供应，包括通水通电以及到农场的通车。

（3）对某些产业免收特种税。

（4）文莱农业局提供的协助，如讯息共享和其他许多鼓励措施。

二、渔业投资

（一）投资机会

文莱地处东南亚中心位置，海洋渔业区内有丰富的渔业资源。文莱海岸线沿岸覆盖有18,418公顷的在东南亚保存最好的红树林，有大量的虾苗和鱼苗繁殖。文莱海域没有污染，又无台风、地震等自然灾害袭击，非常适宜开展海洋捕捞和鱼虾养殖。据文莱渔业局统计，文莱海域最大可捕捞量（MEY）约21,300吨，其中沿岸资源3,800吨，底层资源12,500吨，浮游资源5,000吨。文莱地处南中国海，各种渔业资源丰富。另外，文莱海域还是金枪鱼洄游的途经之路，有丰富的金枪鱼资源。

因此，文莱渔业投资机会主要有以下几点：

（1）文莱进口年总消耗量的50%，以弥补所需的海产品消耗量。

（2）文莱正处于金枪鱼的迁徙通道上，金枪鱼资源十分丰富。专门修建的人工礁也拥有大量的渔业资源，同时文莱拥有开发这些资源的机器设备和技术。

（3）文莱拥有清洁无污染的海洋环境，没有台风侵袭，也没有与食品相关的流行病或流行病迹象。对投资者而言，文莱的条件得天独厚，是投资者的安全首选。

（4）鱼和其他海产品是绝大多数人的最主要的食物，鱼类食物成为优于其他食物的最好的蛋白质营养来源，因而几乎每天食用，人们越来越重视加大鱼类食物的摄入量。

（二）文莱渔业发展概况

根据文莱渔业局估计，文莱国内的渔业年均增长率为17%，渔业发展潜力估计保持在每年2亿文莱元的水平。预期到2023年，文莱渔业产量可达4亿文莱元，为1,500多人提供就业机会。

文莱现有900多名全职渔民，大多为岸边手工作业或舢板作业。全国有约25艘较小作业渔船，吨位在30~60吨，其中有拖网船14艘，围网船5艘，延绳钓船1艘，多数集中在20海里内作业。文莱渔港主要是摩拉渔港，有两个渔船码头，附近有制冰厂和加油码头为渔船服务。

（三）投资领域

1. 水产养殖业

水产养殖业是文莱渔业中发展较快的行业之一。由于文莱气候温和，海水无污染，比较适合发展海水养殖业。文莱利用水池养虾始于1994年，至今有13家企业投资养虾业，现共有50个鱼虾养殖场养殖著名的虎虾和蓝虾，总面积230公顷。2008年文莱养虾业总产量438.4吨，除本地销售外，还出口到美国、中国台湾、日本、马来西亚和新加坡。随着全球市场对虾的需求增加，文莱工业及初级资源部已开始研究引进国外投资和技术，增加养虾产量，现已在都东县规划459公顷新地作为海水养殖专用。基于现有的场地，海产品养殖领域提供了大量的投资机会，产业规模估计达到每年约7,100万文币。适于水产养殖的主要区域已划定，并且文莱政府已经准备好了道路、电力和海水供应及网箱养殖等主要基础设施。

已经确定的投资商机包括：

（1）在都东区的Kampong Telisai，划出459公顷分配用于虾养殖厂；

（2）主要养殖的种类设草虾（Penaeus monodon）和蓝对虾（Litopenaeus Stylirostris）；

（3）养殖的蓝对虾改良了文莱的虾养殖业，保证了稳定的虾苗供给，有优良的培育性能，比如成长快、存活率高、可承受较高的存养密度、抗病能力强等；

（4）虾苗场可提供不带病原体的优质虾苗；

（5）在Pelong Rocks，划定用于近海笼箱养殖的潜在场地面积约200公顷；

（6）开发中的观赏产业潜力巨大，在当地市场，每年就进口各种品种约120万尾；养殖当地优质观赏鱼也有很大的潜力，如“文莱美人（Beetta Macrostoma）”；

（7）70%的进口鱼种都很容易在当地生产。

2. 海产品加工

文莱海产品加工业规模较小，目前有66家国内企业和一家合资企业从事海产品食品加工，都为中小型企业，产品主要是虾片和鱼干类，主要在本国销售。文莱海产品质量优良，符合区域内安全和清真食品要求，存在需求市场和巨大商机。在文莱，海产加工业的经济潜力至少有每年文币1,700万元。海产品包括冻虾、冻鱼、鱼片、鱼丸、煎鱼饼、鱼块、虾糊、腌鱼和干鱼等。

为了实现经济多元化，渔业局不断推动海产品加工业的发展。推动产业发展的开发项目包括在渔船靠岸设施的建设、鱼类储存及批发中心及海产品进出口中心。前期运作的目标是：对捕鱼业和水产养殖业，开发和扩大优质鱼类产品的持续供应能力和营销能力。后期运作的目标是：为文莱海产品产业的总体发展，提供海产品加工设备和催化机制。考虑到该产业的巨大潜力，可看出文莱的海产加工业存在着巨大的商机：

（1）当地和海外市场一致认同文莱海产品质量优良，是安全的清真食品。文莱国内或国外市场对符合清真食品标准的产品需求庞大。

（2）海产品市场相对而言属未开发的产业。

（3）渔业所需的基础设施配套齐全。

3．捕鱼业

为了提高渔业对GDP的贡献率，政府为该部门敞开了更多的投资机会，特别是对远洋捕鱼业或金枪鱼捕鱼业的投资机会。文莱具有丰富的捕鱼源，包括淡水鱼和海产鱼。对于渔业合作的海区，文莱渔业局规定文莱海域共划分为四个作业海区：

第一海区：0~3海里（离岸）

第二海区：3~20海里

第三海区：20~45海里

第四海区：45~200海里

文莱政府为保护近海渔业资源，规定引进的外国渔船只能在第三、第四海区作业，而且从2008年1月1日起实行临时性保护措施，禁止在第一海区（0~3海里）区域内捕鱼。第三海区海深从几十米到近200米，第四海区为大海槽，深达上千米。在文莱渔场限制三区和四区中，仍准许实施围网和金枪鱼的长线渔船的捕捞作业。

（四）投资案例——中国投资文莱渔业的互补性

中国与东盟签订的《中国—东盟全面经济合作框架协议》下的“货物贸易协议”和“服务贸易协议”对加强中国与东盟各国的渔业合作具有重要意义。落实中国—东盟自由贸易区有关协议，促进中国—东盟自由贸易区顺利建成，加强与包括文莱在内的东盟各国渔业合作，兴办独资、合资、合作企业，将更快促进区域内渔业的发展，提高区域内水产品在国际市场上的竞争能力，加快中国—东盟自贸区建设进程。中国南部和包括文莱在内东盟各国在地域上属于一个自然地理综合体，海陆相连，交通十分便利，为渔业合作提供了基础。文莱与南中国海相接，有广阔的海域，蕴藏了丰富的鱼类和水产资源，南海海洋及其航线把中国与文莱联系起来。

1. 渔业资源的互补性

在渔业方面，文莱处于热带地区，而中国海域大部分地区处于温带，双方主要的水产品种类不同，存在较强的互补性。正是这种渔业资源上的互补性，使得中国和文莱的渔业合作成为可能。区域内海洋渔业资源丰富，为中国与文莱渔业合作提供了广阔基础。

2. 渔业技术的互补性

中文两国渔业发展的差异性和互补性，决定了双方贸易和合作领域的发展前景。从渔业资源开发角度来看，中国是一个人口大国，拥有丰富的人力资源和自然资源，但人均资源拥有量相对稀缺，渔业资源相对有限。文莱渔业、养殖业及热带生物资源都十分丰富，与中国在渔业捕捞、养殖、加工以及市场等方面具有明显的互补性，在渔业技术方面具有合作可能性。在合作方式上，文莱资源丰富，但经济技术水平不高，而中国沿海渔业捕捞和养殖技术相对成熟。因此，中文在资源开发和加工业领域可以展开各种类型的合作。

3. 经济发展水平与市场互补性

中国与文莱的经济发展水平不一致。从经济发展水平看，文莱是东南亚较富裕国家，2009年文莱人均GDP已达到3.84万文莱元。从产业结构看，文莱主要是以开采石油和天然气为主的产业结构，渔业生产不发达。文莱政府针对产业结构单纯的问题，提出要加大实施经济多元化战略，争取到2023年文莱渔业产值达4亿文莱元。中国在三级产业的层面上与文莱存在着一定互补，在与海洋捕捞和海水养殖有关的层面上可以提供各种技术服务，这给文莱在发展海洋产业方面提供了合作的领域和空间。而广阔的中国内地市场更可以使中国与文莱结成垂直贸易与合作的紧密伙伴关系。

（五）对中国企业开展合作的具体建议

总体看，中国公司开拓与文莱渔业合作有很大发展潜力，本着合理开发利用、互惠互利的原则，应充分利用中文友好、文莱海域渔业资源丰富等有利因素，鼓励中国渔业公司与文方展开更深层次的渔业合作。

文莱具有得天独厚的自然条件，沿海没有工业，沿海滩涂、浅湾未被污染，很适宜开展海水养殖。另外，利用当地近海良好的资源条件，还可以搞水产收购加工。通过企业与文莱渔业合作，可带动当地技术提升，增加就业，扩大出口，为当地实施经济多元化作出贡献，也为中资企业在区域内更广阔地开拓市场和利用资源奠定基础，是企业一种更长远和明智的发展战略选择。对于准备前来文莱从事渔业合作的中国公司，特提出以下建议供参考：

1．全面掌握情况，在合作经营活动中争取主动。某些企业海外经营项目不成功的主要原因之一在于不完全了解当地情况，对问题和困难估计不够，应对措施不足，同时轻信代理，盲目决策。建议企业在开展业务和实施项目前进行深入的调研，以减少决策失误。

2．遵守当地法律法规。企业应遵纪守法，避免不必要的纠纷。应派会外语懂业务的人员负责项目管理，出了问题要及时同中国驻外经商机构联络，直接同文莱政府主管部门联系。不能完全依赖代理，以免延误问题解决。

3．尽量与当地有一定背景、实力和信誉的公司建立合作关系，掌握在当地打通关系的主动权。文方有的部门办事效率低，政策执行过程中受人为影响大，因此寻找有实力和有公关能力的合作伙伴十分重要。

4．选准项目。认真做好可行性研究，将投资风险降到最小。

5．充分重视外派人员尤其是一把手的选拔，避免由于用人不当带来的风险。中方人员应少而精，实行雇员本地化，注重反馈社会工作和企业社会形象。加强境外企业现代管理制度化建设，建立一套行之有效的约束激励机制。

二、服装业

文莱富甲一方，与新加坡同为东盟仅有的两个经济发达国家，又是东南亚第三大石油生产国、世界第四大液化天然气生产国。文莱经济安定，政府计划把文莱建成东盟东部增长区服务、贸易和旅游中心。文莱政府规定，营业者的个人所得和资本盈利均不征收所得税，利润汇款不加限制也不扣税。但文莱的服装业不发达，从1989年拥有第一家服装厂开始，至今服装厂的数量也没有超过两位数。

近年来，文莱政府采取一系列措施，积极推进经济多元化战略，非石油和天然气产业占GDP比重有所上升，但石油和天然气仍为主要经济支柱。在文莱出口收入中占第三位的服装业，近年随着全球纺织品贸易一体化、无配额限制的优势丧失，一度兴旺的文莱服装加工业逐步萎缩，一批制衣厂关停并转，这对文莱国内经济也起到一定抑制作用。尽管如此，文莱政府负责招商引资的机构之一——文莱工业发展局仍然欢迎外国企业到文莱投资服装业的上游领域，投资设立纺纱、织布、印染工厂，以帮助文莱建立完整的纺织、服装工业体系，增强其整体竞争力。

投资者与文莱纺织服装业合作前景展望：

文莱服装加工业总体规模较小，在国际市场上无竞争优势。文莱虽鼓励外来投资，有税收政策优惠，且无外汇管制，资金流动便利，但本国劳动力缺乏，在引进外国劳动力尤其是具有较高素质和劳动生产率的劳动力控制较严，因此在后配额时代，文莱暂不会成为实现纺织服装加工企业大规模“走出去”的目标。

在配额取消后，投资方企业可考虑鼓励利用文莱的各种优惠政策，与现有的服装加工厂开展投资合作，建立纺织、印染等配套企业，将纺织产品深加工或制成服装后出口欧美市场，一方面可以绕开欧美国家在配额取消后针对投资国采取的其他贸易保护措施；另一方面，有利于带动投资国原料、设备、技术以及劳动力的输出。

四、制造业

（一）投资机会

从以下几点看出，制造业为有意进军文莱市场的潜在投资者提供了巨大的商机。

1. 制造业是新兴产业，竞争对手少。

2. 现有的本地市场可提供有竞争力的价格。

3. 政府的支持和鼓励政策力度大。

文莱政府认识到，制造产业在国家的社会和经济发展中占据重要的地位，为实现文莱经济的多元化，必须重视制造业的发展。为了发展制造业，吸引国外投资是重要的一环。文莱欢迎所有能够提供资金、技术及技能或市场出口的投资者以独资或与当地企业合资的方式开办企业，共同发展，也为投资者创建有益的投资环境。

（二）投资领域

文莱资源丰富，经济迅猛发展，文莱政府向投资者提供了各种投资机会。文莱政府重视高科技和资本密集型下游制造业的发展。对国内外的企业家而言，有吸引力的领域很多，而前景最为看好的产业为：食品、饮料和乳制品、硅砂类产品（例如用于电子元件的硅片制造业）、纺织品和制衣业、建筑材料、金属制品、鞋类和皮革制品、专业木质家具、化妆品和护肤品、信息技术、飞机零部件和备件生产、印刷电路的设计和制造、生物工程、黏土制作的产品（如陶瓷制品和陶器）等。

对高科技行业，既定的重点开发领域是电讯、计算机软件、生物工程和高附加值的产业（如食品加工）、多媒体和信息技术业等。鉴于文莱人力数量有限但素质高的现状，文莱非常适合发展此类产业。

五、旅游业

（一）投资机会

2008年到文莱观光的外国游客约22.5万人。目前，每年到文莱观光的外国旅客约30万人，但整体而言，旅游领域对文莱生产总值的贡献，仍有待加强。文莱80%的国土被森林覆盖，而文莱近年来积极发展生态旅游，向全球游客推介热带雨林的原始风光之美。全国共有7个森林公园，总面积约4,000公顷，当地林业局计划自2010年开始把森林公园总面积扩大至4,500公顷。还有赛福鼎清真寺、文莱博物馆等人文景点。2009年，文莱水村文化馆成立，系统介绍文莱水村的演变和发展。2010年东南亚旅游展在文莱开幕，标志着旅游业发展新契机的到来。另外，文莱旅游局促进对入境文莱的旅游者统计，只选从文莱国际机场入境的旅客人次作为到文莱的旅客数量标准。这一举措将有利于文莱旅游业的发展。

旅游业是文莱近年来大力发展的又一产业。2001年文莱成为中国公民自费出国旅游目的地国，文莱政府采取多项鼓励措施吸引海外游客赴文莱旅游。同时，文莱政府采取一系列措施发展经济，欢迎外国投资及跨国公司到文莱，原则上要在共同分享利益的前提下，参与文莱的经济活动。文莱政府则在改善投资环境及提高办事效率、搞好服务方面下工夫。文莱政府制定发布了相关法令、法规，与国际接轨，诸如规范金融体制，制定有关文莱国际会计师标准、防止洗黑钱法令及自由区法令等；如效仿新加坡，成立了具有本国特色的文莱国际金融中心；开通了文莱直通上海等的新航线，便利外来投资者在文莱的内外交通和运输及商务往来；文莱政府部门审批投资者申办项目手续的期限已缩减为1个月。

因此，投资文莱旅游业的机会主要有：

1 文莱有保护完好的自然环境，生态旅游资源丰富，开发前景大，对于不断发展的面向自然、卫生、健康的旅游趋势，这里提供了所需的条件。文莱长长的沙滩海岸给游客提供了舒缓的生活环境，是使他们远离拥挤和商业化的海滩旅游胜地。

2. 该产业是新兴产业，竞争小。

3. 旅游区域和国际市场已经形成，有待进一步发展。

4. 文莱位于世界旅游业发展最快的地区，离印度、中国及东南亚快速发展的国家等这些未来世界主要旅游市场只有几个小时的飞行路程。

5. 政府的支持和激励政策力度大。

6. 从政府到文莱工业的主要资源部下属的文莱旅游局均积极支持旅游业的发展。

7. 可投入使用高标准基础设施、设备和吸引的激励政策使文莱成为投资者的理想选择。

（二）投资领域

1. 生态旅游

文莱几乎由原始的植物和动物群及富饶的热带雨林区覆盖，对来访文莱的旅游者而言，生态旅游业就特别具有吸引力。当前，文莱的生态旅游项目主要有：参观自然保护区、野生动物寻踪、林业部维护的“PlankWalk”和“Canopy Walk”等活动。

可调研的投资机会有：体育活动（小划舟、爱斯基摩划子、山地自行车、攀岩运动、爬树运动等）可在雨林区举行；其他运动和休闲活动，均可在海岸区和内地举行（近岸区潜水、水上活动、沙滩帆船、摩托车租赁和旅行、四驱越野车租赁和旅行、帆船运动等）。由于当地提供的旅游产品有限，对大量的国外旅游者，富裕的当地青年人和移居海外的侨民而言，新的旅游产品和旅游活动存在着潜在的开发能力。

海滩胜地、丛林小屋、时尚流行的自然休假地、主体旅游及野生动物园是旅游者和当地人愿意花钱和花时间的旅游地，政府认为这些旅游项目都是优先考虑的投资领域，因为上述旅游项目不仅增加文莱的旅游产品基地，而且有助于提高国民的生活质量，同时可减少国民出国享用上述国内还没有的旅游项目而流出的外汇量。

虽然婆罗州的岛屿有大量的植物群和动物群，但在本地区还没有适合的动物和植物展示设施，动物和植物公园可使游客方便观看到本土及其他地区的动植物、海洋动植物和野生动物。因在该地区无竞争对手，投资建造适用的植物、海洋生物和野生动物公园有着很大的潜力，只要符合当前的保护政策就会得到文莱政府的有力支持。

2．农业旅游

在地区旅游业中，农业旅游发展迅速。在文莱，旅游者可参观许多与农业、海洋业和种植园有关的旅游项目。文莱全年天气舒适，陆地和海水温度恒定，给多种水果和蔬菜以及水产业的生产和加工提供了很好的投资机会，同时满足了国内消费和出口需求。这些领域的投资者还可以考虑将他们的设施展示给国内外游客，通过向游客讲解，让游客亲生体验，从而使这些设施具有“对旅游者的友好性”。对于来自区域性大城市的旅游者来说，在乡村体验先辈们的生活尤其是一种时尚。

在文莱，虽然运动、飞行和深海垂钓等消遣项目设施完备，但投资机会依然存在。将这些项目的活动内容设计得更专业，能同时给居民和游客提供更安全、更清洁和更舒适的体验。

位于海洋生物多样性中心的婆罗州市著名的潜水之地，有“潜水天堂”之称。在文莱，保护完好的珊瑚礁和海滩遗迹使其成为潜水的新领域之 ，给那些有兴趣开发这一领域并能够提供国际标准服务、安全保障和设备的人士带来了机会。

3．健康旅游

在文莱，无论在公共还是私人医疗服务所，都有完善的医疗设施。在繁华的Jerudong 区，位于波罗俱乐部、高尔夫俱乐部、主题公园和帝国酒店附近的水晶公园医疗中心和鹰阁JPMC，给当地和外国病人提供优质的治疗，尤其在心血管治疗方面。除了提供给旅游者医疗服务以外，文莱还利用它的雨林，清新的空气，没有热带病以及健康的生活方式等有利因素，在沿河湖岸或海边的许多宁静的雨林地区，建设了健康中心、矿泉疗养地以及Ayurvedic治疗中心等，使用从森林中获取的天然产品，运用婆罗州以及亚洲其他地区的传统技法，给旅游者提供按摩和治疗服务。

由于酒在文莱属于非卖品，对于排毒临床治疗，这里可以提供理想的环境。另外文莱历来是尊重隐私的，这里的酒瘾或毒瘾治疗中心，对于那些不愿透露姓名的人士来说，是最佳的选择。随着健康旅游发展加快，尤其对于来自富庶地区的人们来说，选择健康旅游的人越来越多，因此，投资者的投资有望将文莱变为健康、健身、矿泉疗养、康复以及排毒旅游的一流目的地之一。

4．乘船旅游

文莱位于南海南边的中央，战略位置重要，可沿南海岸乘船游览。沿途停岸的港口有香港、海南、越南、柬埔寨、泰国湾马来西亚东海岸、新加坡、沙捞越、沙巴以及菲律宾。文莱乘船旅游业可望建设成为一个新的乘船旅游中心，尤其在打开未来巨大的中国市场后，可与地中海和加勒比海的旅游一比高下。沿途停靠港口如香港、新加坡和文莱对外联系便捷，将会是游客起程和登陆游览的主要上下站。在文莱，船只停泊的设施完备，每年都有许多旅游船在这里停泊。然而，这里的乘客设施或旅游中心还不完善，没有旅馆、商店、货币兑换商等，因此给投资者带来了投资的机会。另外，这里还需要低成本的旅客海上运输工具，以便通往婆罗州、南菲律宾和苏拉威西岛的各个地区，同时也促进了区域经济的整合，给人们的出行带来了便利。

第三节 风险与对策

一、投资风险

文莱生产性企业很少，国内商品，尤其是日用消费品大多依赖进口，但国内市场规模不大，经营商众多，且以华人为主，加上当地支付方式比较规范，对产品质量要求较高。因此，在文莱经商，必须熟悉并适应当地特殊的贸易环境和文化背景，采取适当措施拓展业务。在文莱投资，主要会遇到以下的投资风险：

1．国家收入过分依赖石油、天然气的开采，经济结构单一，基础薄弱，新兴产业的发展容易受到市场抵制。

2．劳动力匮乏，外资企业需引进大量外籍劳工。外国人在文莱就业需事先向劳工局申请工作许可证。申请者需提供一定金额的押金或银行担保；工作许可证在签发后6个月内不得更改；公司或外国公司的分支机构注册批准之前，申请将不会被接受。因此，劳动密集型企业的发展受到一定阻碍。

3．当地政府部门工作效率低。文莱政府机构办事较慢，且宗教节假日较多。同时，由于机构重叠，有时项目审批要拖很长时间，不利于企业生产活动的连贯性，生产滞后，拖延海外订单，对企业日后发展造成严重影响。

4．本地发展马来化倾向的限制。文莱为伊斯兰国家，要重视宗教影响，注意处理好宗教性敏感问题，遵守宗教习俗，如投资食品加工等行业，必须得到宗教部的批准等。种种限制，对于企业发展产品多元化有所牵制。

二、防范风险的对策

（一）做好市场调研

在文莱开展投资、贸易、承包工程和劳务合作的过程中，要特别注意事前调查、分析、评估相关风险，经营过程中做好风险规避和管理工作，切实保障自身利益。包括对项目或贸易客户及相关方的资信调查和评估，对投资或承包工程国家的政治风险和商业风险分析和规避，对项目本身实施的可行性分析等。建议相关企业积极利用保险、担保、银行等保险金融机构和其他专业风险管理机构的相关业务保障自身利益。

（二）选好合作伙伴

在文莱办理工作许可证规定比较严格，建议投资企业通过当地合作伙伴或聘请当地具有丰富经验的律师协助办理工作证的相关手续。

（三）处理好与政府的关系

企业要在文莱建立积极和谐的公共关系，应与文莱政府主管部门建立良好的关系。要了解政府部门的相关职责，关心政府高层的更替，注意当地最新经济政策走向，尤其要了解和关注皇室最新动态以及对政府决策的影响。同时，要关注文莱社会的焦点、热点问题。

（四）密切与当地居民的关系

1. 了解马来文化传统。文莱宗教色彩和马来民族传统均较浓厚。马来文化注重和谐、委婉、谦恭，企业在文莱经商应该尊重当地的文化习俗和文化禁忌。

2. 中国投资者应重视当地华人社团的作用。文莱本地华人大部分祖籍为大、小金门岛，其余来自福建省、广东省和海南省等地。当地华人社团众多，重视中国传统礼节和地方习俗，社团领袖往往在当地商界有较大影响力。与当地华人社团建立积极和谐的关系，有助于当地业务的开拓与稳定。

3．实现人才本土化。可以聘用当地人员参与企业管理，增加当地就业，促进企业发展，并借助当地员工向当地居民传递两国文化。

（五）依法保护生态环境

文莱较注重环境保护，企业在文莱投资合作，要依法保护当地生态环境。企业对生产经营可能产生的废气废水和其他环保影响，要事先进行科学评估，在规划设计过程中选好解决方案。

（六）承担必要的社会责任

投资企业在文莱开展投资合作，不仅要努力发展业务，还要承担必要的社会责任：

1．要关注业务发展带来的资源、环境、劳工、安全以及社会治理等问题，以免引起当地居民及同行的反感和抵制。

2．要远离贿赂和腐败。商业贿赂在文莱不仅会受到法律制裁，而且将严重影响企业的信誉和公众形象。

3．要增强安全生产意识，强化基础管理，尤其是在建筑、油气田勘探、危险化学品等高危行业的中资企业，一定要做好防范，避免安全生产事故发生。

4．企业和工作人员，要知法守法，入乡随俗，不做违反当地法律和社会公德的事情，对民族形象、企业声誉与品牌建设负责，对两国的长期友好关系负责。

（七）懂得与媒体打交道

投资者不仅要和当地华文媒体建立良好关系，也应妥善处理和主流英文及马来文媒体的关系，争取对本企业有利的宣传。为提高投资者的公众形象，企业不要拒绝媒体，更不能对记者无礼，而是要平等、信任、尊重、真诚、坦荡地面对媒体，与媒体形成良性互动的和谐关系。

（八）学会和执法人员打交道

1. 企业要建立健全依法经商的管理制度，聘请律师对员工进行普法教育，让员工了解在文莱工作生活必备的法律常识和应对措施，做到知法守法，合理应对。

2. 投资方人员出门要随身携带身份证件或者临时居住证明，营业执照、纳税清单等重要档资料要妥善保管。

3. 遇有执法人员检查身份证件，投资方人员要礼貌地出示自己的证件，主动回答问题；如果没有携带证件也不要惧怕，不要躲避，更不要逃跑，说明身份，或者写出联系电话，让公司派人联络。

4. 遇到执法人员搜查公司或住所，应要求其出示证件和搜查证明，并要求与企业律师取得联系，同时报告该国驻文莱使馆经商处。遇有证件或财物被执法人员没收情况发生时，应要求执法人员保护企业的商业秘密，出具没收证件或财物的清单作为证据，并记下执法人员的警号和车号，以便随后交涉。交罚款时需向警察索要罚款单据。

5. 遇有执法人员对投资方人员或企业不公正待遇，投资方企业人员不要与执法者发生正面冲突，更不能触犯法律，而是要理性应对，做到有理、有利、有节，可通过律师进行处理，捍卫自己的合法权益。

三、救济措施

投资方企业或公民在文莱开展业务，如果受到利益侵害，可寻求以下解决途径：

（一）确保人身、财产安全

文莱治安状况良好，几年前居民还可夜不闭户。近年来由于国际环境和国内经济滑坡，失业人数增多，治安状况有所下降，吸毒、盗窃等犯罪活动略有上升。在政府严厉的打击措施和教导国民加强伊斯兰教修养的双重作用下，总体治安状况保持良好，“和平之邦”名副其实。

（二）寻求法律保护

1．依法用法。在文莱，企业不仅要依法注册、依法经营，而且必要时还要通过法律手段解决纠纷，捍卫自己的权益。

2．聘请律师。由于法律体系和语言的差异，企业应该聘请当地律师处理企业的法律事务，一旦涉及经济纠纷，可以借助律师的力量寻求法律途径解决，保护自身利益。可以咨询该国驻文莱使馆经济商务处，了解在文莱较有信誉的律师事务所和愿意为企业提供服务的律师事务所。

（三）寻求当地政府帮助

1．建立密切联系。企业在文莱投资合作当中，要与当地政府相关部门建立密切联系，并及时通报企业发展情况，反映遇到的问题，寻求当地政府更多的支持。

2．寻求支持。遇有突发事件，除向该国驻文莱使馆经商处、公司总部报告以外，应及时与文莱政府有关主管部门联系，取得支持。

（四）取得投资国驻文莱使馆保护

1．投资国公民在其他国家境内的行为主要受国际法及驻在国当地法律约束。遇到投资方公民（包括触犯当地法律的投资国籍公民）在当地所享有的合法权益受到侵害，该国驻外使、领馆有责任在国际法及当地法律允许的范围内实施保护。

2．企业应该在进入文莱市场前，征求该国驻文莱使馆经商处意见；投资注册之后，按规定到使馆经商处报到备案；日常情况下，保持与经商处的联络。

3．遇有重大问题和事件发生，应及时向使馆报告，在处理相关事宜时，要服从使馆的领导和协调。

（五）建立并启动应急预案

1．建立应急预案。企业到文莱开展投资合作，要客观评估潜在风险，有针对性地建立内部紧急情况预警机制，制定应对风险预案；对员工进行安全教育，强化安全意识；设专人负责安全生产和日常的安全保卫工作；投入必要的经费购置安全设备，给员工购买保险。

2．采取应急措施。遇有突发自然灾害或人为事件发生，应及时启动应急预案，争取将损失控制在最小范围。遇有火灾和人员受伤，应及时拨打当地火警和救护电话，然后立即上报该国驻文莱使馆和企业在国内的总部。

第四节 投资程序

一、注册文莱公司的程序

（一）注册文莱公司要求

1．确定文莱公司名称；

2．提供至少一位董事/股东，可以是自然人或法人，且国籍不限（若法人企业，须提供公司执照）；

3．提供董事和股东的住址证明，即列具姓名和住址之单据，例如水电费单或电话费单；

4．签署注册文莱公司委托书，并提供所有董事股东身份证或护照影印件；

5．文莱公司名称没有特殊要求，一般以LTD、CORP、

INC结尾，但除非经过特许，否则名称不能用Bank、Trust、Insurance等字眼；

6．标准授权资本没有太多限制，一般为50万美元。

（二）海外离岸公司注册服务

1．备齐相关数据并递交注册申请；

2．注册服务费用1,500美元，申请前预交50%（其中包含代缴政府费用、档资料费、印章费、律师费、代理服务费）；

3．约15~20个工作日新公司全套手续办妥，委托人付清余款并领取新公司资料；

4．提供文莱公司注册地址（文莱方提供）。

（三）海外离岸公司年度维护

1．文莱公司年度维护服务费用850美元（包含政府牌照税费、申报资料、注册代理人、服务费）；

2．继续提供公司注册地址使用。

（四）海外离岸注册后客户可得到文档

1．公司注册档；

2．海外公司注册证书（C.I）；

3．公司组织大纲及组织细则3本（M&A）、1本公司股票簿；

4．1个原子胶图章（银行支票盖章用）、1个金属钢印鉴（Common seal）；

5．1本法定股东、董事、秘书登记册及公司章程。

二、可设立的企业形式

在文莱，投资者可设立以下几种企业形式：独资经营企业、合伙经营企业 、公司（私人或公共） 、外国公司的分支机构 。所有企业必须注册名称，名称需经注册师的确认后才可注册。每个名称征税5元文币。

（一）独资与合伙经营企业

可以是个人、当地企业及外国公司的分支机构，具体规定包括：

1．合作伙伴不超过20个；

2．主管部门批准后，将签发企业名称证书，并征收30文币；

3．外国人申请必须事先获得移民局、经济规划和发展局及劳工局的许可；

4．目前免征公司所得税。

（二）公司（私人或公共）

公司（私人或公共）：可以是以股票或担保或股票及担保承担的有限责任企业，或无限责任企业。具体规定包括：

1．必须有至少2名及不超过50名股东；

2．股东可以是非文莱公民或居民；

3．股东转让股份的权力有限制，禁止任何公众股票招募；

4．子公司可以持有其母公司股票；

5．合伙协议必须填写公司注册人及公司名称，同时提供其他标准表格的企业档；

6．主管部门批准后，将签发企业证书，并征收2文币；

7．注册费用取决于公司股票资本授权规模；

8．没有企业最低股本限制。私营企业还有以下要求：①指定当地注册的会计师；②逐年准备资产负债表。

（三）外国公司的分支机构

注册时需要提供以下档案：

1．有关章程企业等证明档副本；

2．董事会名单及详细情况；

3．主管部门批准后，将签发证书，并征收25文币；

4．没有最低股本要求。并完成以下工作：①指定在当地注册的会计师；②准备年度财务表、资产负债表及董事会报告；③准备分支机构账目；④每年提交账目报表；⑤逐年向公司注册处提交申报表。

三、赴文莱的工作准证申请程序

文莱由于本地劳动力短缺，需大量引进外劳，因而较大规模的项目都涉及外劳问题。目前，来自印尼、菲律宾、尼泊尔等国家的外劳近10万人，占整个就业人口的1/3左右。在引进劳工的问题上，文莱对外宣称实施的是开放的政策，但为了确保劳工的流入不影响本地人的生活习惯和价值观，实际操作中实行一事一批、个案处理。基本操作程序是：

1．由需要输入劳务的本地公司将公司经营情况、所需劳务的数量、国别及申请理由上报到劳工局。

2．由劳工局、移民局等相关部门组成的审查委员会审批后下达劳务输入配额。

3．申请单位获得配额后须在政府认可的银行开设专门账户，按输入劳务的数量存入相应的劳务保证金（法规要求此数额应相当于回到派出国的机票款），东盟国家劳务每人600文莱元，东盟以外国家（包括中国）每人1,800文莱元。

4．申请单位获取配额后直接招工或委托招工，招工时应出示的材料包括：劳工局配额批准函、已交纳保证金的证明。

5．申请单位到移民局申领劳务人员工作签证后，劳务人员到文莱使馆申办签证。

6．劳务人员抵达文莱后接受文莱卫生部的体检，体检通过后办理为期1年或2年的工作准证。卫生部将疟疾、肺结核、艾滋病、性病、乙肝、羊痫风、精神病和毒瘾等疾病列为“不适合工作”病症，除疟疾患者外，其他患者均需遣返。

7. 劳工工作准证到期须回国或申请工作准证延期。

根据上述流程，从申请到获得配额一般需3个月或更长的时间。另外，专业人士短期到文莱可以办理有效期3个月（可以延续3次，最长一年）的专业工作签证，由雇佣公司持申请信函和护照、执业证书等到移民局申请，此手续办理较快，但现已停办。建筑公司申请劳工时须出示有关项目的清单，如不能证明项目能超过一年，则只能得到一年的配额，如此后再获得新的项目，则可以申请延续配额的有效期。

第五节　官方投资服务机构

（一）文莱工业能源部

文莱的工业能源部是管理全国所有行业发展的主要部门，负责有关行业发展的事务。作为投资文莱的一站式服务机构，工业能源部处理并解决来自各个方面对于在文莱投资感兴趣的要求和申请。

通过工业能源部使投资者在文莱投资异常简便，是投资者在文莱投资中最可靠的伙伴。那些不需要政府设备投资的私人投资只需要简单的批准就可以进行了，而需要政府投资和帮助的投资也仅仅需要工业能源部处理一下和其他部门的手续和另外必要的申请。在工业能源部所需的手续和程序就是以下4个步骤：1. 投资意向的批准；2. 建立企业的批准；3. 投资计划的批准；4. 投资运营的批准。所有的审批都在工业能源部完成。如果投资者在文莱投资中遇到任何问题可直接与他们联系。

联系方式：

One-Stop Agency The Ministry of Industry and Primary Resources

Bandar Seri Begawan 1220

Brunei Darussalam

电话：+673-2-383811

传真：+673-2-380026

网址：www.brunet.bn/org/bsmehp/brunei/invest/smeinves

（二）文莱工业发展局（Brunei Industrial Development Authority，BINA）

文莱工业发展局是工业及主要资源部的下属机构，是投资者在文莱设立制造业和合作及相关支持服务产业项目的第一个界面部门。它的宗旨是，作为一个高效而灵活的政府机构，为行业和合作提供一流的投资环境，促进行业和合作活动的开展。该局的主要工作任务是向政府提供一整套有针对性的、系统的工业发展和合作开发方案，为文莱的社会和经济健康持续发展作出应有的贡献。其工作目标是：

1．促进新兴产业的形成和发展；

2．扩大现有产业，促进产业结构向外向型转变，创造充满活力的合作型产业部门。

文莱工业发展局是负责提供文莱完善工业区的主要机构，可以接纳国内外的投资项目。大多数的工业区都分布在首都斯里巴加湾港，近邻文莱国际机场和摩拉港。文莱国际机场是整个婆罗州的唯一直接国际航空港，而摩拉港是可通向各主要地区性和国际港口的深水港。主要的工业制造区位于Beribi，Lambak，Salar和 Serasa。其他的工业区位于国家中部都东区的Serambangun，而Sungai Bera和Pekan Belait处于马来奕区，是文莱欣欣向荣的油气产业中心。

文莱工业发展局确保这些工业区所提供的工业设施和基础设施符合投资人的期望，以保证工业项目的快速启动和运作，使投资人尽早实现投资盈利目标。文莱工业发展局积极促进投资的升值，并发挥信息的通讯技术（ICT）、生物工程技术、清真食品、贸易服务和石油气配套产业等高科技制造业等领域的出口潜力。

联系方式：

电话：+6732－382846

传真：+6732－381687

（三）文莱经济发展理事会

文莱经济发展理事会（The Brunei Economic Development Board，BEDB），是文莱负责招商引资的半官方机构。目前，该理事会主要的发展项目有文莱大摩拉岛深水港（Pular Muara Besar）和以发展油气下游产业为主的双溪岭工业园（Sungai Liang Industrial Park）。

联系方式：

The Brunei Economic Development Board

Block 2K, Bangunan Kerajaan,

Jalan Ong Sum Ping,

Bandar Seri Begawan BA1311,

Brunei Darussalam

电话：+673 2230111

传真：+673 2230082

网址：www.bedb.com.bn

（四）文莱工业与初级资源部促进与企业发展司

名称：文莱工业与初级资源部促进与企业发展司

国家或地区：文莱
联系方式：
电话：673-2382837/2382822-2311
传真：673-2382835

第六节　中国企业在文莱的投资前景

随着中国与文莱两国经贸关系的迅速发展，中国已经成为文莱重要的贸易伙伴，这为中国企业在文莱寻求商机提供了较好的外部条件。

一、文莱作为依赖石油与天然气的资源型国家，工业基础不发达，其政府积极推动非石油天然气行业发展的现状，有利于中国企业走进文莱发挥比较优势。对于中国有实力优势的企业，如家用电器、电子产品和零配件、化工设备和产品、电力设备、机械设备、农机、农药、建筑材料、药品、棉纺织品和针织品、服装原料等生产企业，从投资规模、投资成本、文莱政府所给予的相应投资优惠措施以及文莱的市场容量及市场辐射能力上考虑，在文莱投资兴办实业，可以说还是有很大的市场发展空间。

二、通过分析文莱的主要进口产品行业，对比中国向文莱出口的情况，以及中国在文莱主要进口产品行业所具有的比较竞争优势，在文莱的多个主要进口产品市场上，中国还有很多的机会。中国在文莱农业方面的发展重点包括：家禽、蔬菜、水果、药用植物、稻米、花卉、牲畜养殖（牛、羊为主）、咖啡种植、动物饲料。另外，渔业方面重点包括：深海捕鱼、水产养殖、鱼产加工等。林业方面重点包括：植林、植藤、三夹板、木片、家具等加工业。

三、在文莱目前的几大进口行业中，中国除了在纺织和服装行业约占1/3，有一定市场优势外，其余进口行业的市场，中国的出口所占该产品进口的份额很小，所以市场开发的潜力很大。而且，中国在机械和电器设备行业（例如各种家用电子电器产品）、交通工具（例如摩托车、汽车）行业，已经具有打开文莱市场的竞争能力，而且，文莱市场对这些产品的需求也很大。例如汽车行业，据文莱报纸报道，2010年9月份，文莱新车销售量为1,045辆，较8月份的1,290辆下降约19%。销量第一位的仍是日本丰田，铃木和现代分列第二、三位。三菱汽车为当月唯一销量上升的车型。豪华车方面，宝马、奔驰和凌志位居前三名。截至9月底，文莱新车销售量为1.019万辆。可见，文莱的汽车行业具有很大的市场。

四、由于受人口规模的限制，文莱缺少劳工和技术工人，一些劳动密集型产业的发展形成了客观需要。近几年，文莱的建筑行业、纺织与服装行业快速发展，形成了劳动力供求缺口。现文莱已经考虑从孟加拉引进更多孟加拉普通劳工和专业技术人才，包括医生、工程师、IT专家、护士、药剂师、会计师及教师等。而劳动力资源充足与相对廉价正是中国的比较优势，将有利于中国企业前往承揽工程和劳务输出。

五、在承包工程方面，近年文莱经济稳定发展，国内一些基础建设项目也在逐渐展开。中国企业进入文莱承包工程市场较晚，规模不大。根据商务部统计数据，截至2010年6月底，中国在文莱承包工程合同额累计2.15亿美元，营业额1.35亿美元。同时文莱正在努力实施经济多元化战略，制定鼓励投资的法规，吸引外国投资者来文莱投资建厂，这为中国企业开拓文莱工程市场提供了机遇。中国承包商可以在下列项目中寻求发展机会：

（一）政府项目

在文莱第八个五年计划中，政府每年的建设预算有10亿文莱元，主要是一些小型的道路、改扩建工程、给排水、海岸工程和房屋开发计划等。这些项目往往被分拆成小项目，主要由当地承包商承担。而目前政府准备建设的项目有：新的王宫（王储结婚后用）、新的会议或议会大厦、道路、给排水、市政大厦、数千套安居住房等，这些项目尚需进一步跟踪和落实。文莱政府宣称在“八五”计划期间需求200MW（兆瓦）的电力，2010年前还将需要390MW的电力，在八五计划期间能源领域的拨款达5.297亿文莱元。

（二）私人房地产开发项目

据估计每年私人房产开发约5亿文莱元，还有上升的趋势，主要是住房和商业区的开发。

（三）经济多元化产生的项目

2003年初文莱宣布大力实施其经济多元化战略，准备实施“双向战略计划”，主要内容包括：一是在靠近文莱液化天然气公司的双溪岭工业区吸引外国资金建设炼铝厂、废旧轮胎处理回收厂、化肥厂、甲醇厂和为上述厂供电的发电厂和装卸货物用的码头等大专案；二是吸引外国投资者参与大摩拉岛建设计划，设想将大摩拉岛建成地区航运中心。2003年以来，文莱经济发展理事会相继与投资者签署了可行性研究协议或议向书。中国企业可继续跟踪这些项目，一旦实施，可参与项目的建设。

（四）石油工程服务项目

文莱平均每天的石油产量为20万桶，以平均每桶3美元的工程成本计算，文莱每年在石油工程服务上的支出超过2亿美元，中国企业可以利用其在技术和成本上的优势参与其中。目前在文莱从事石油和天然气开采的有文莱壳牌石油公司和法国道达尔公司。它们对中国公司和产品及服务的进入存有顾虑，主要是对中国企业的技术缺乏了解，中国企业需多做接触和宣传。中国企业可以借鉴当初开拓印尼市场时的做法，先与当地有实力的公司合作或让其充当代理，打开这一市场。

（五）通讯建设项目

文莱固定电话和移动电话分别为文莱电信局和DST公司垄断。最近文莱政府准备实施3G移动通讯项目，DST公司已取得了第一张牌照。3G建设项目为中国企业带来机遇。2003年中国华为公司经过激烈竞争，获得了价值约 2,200万美元的文莱“下一代网络”工程合同，标志着两国在高新技术领域的合作取得突破性的进展，具有重要意义。

六、文莱作为中国隔海相望的旅游目的地国，将有利于双方企业的旅游开发合作；文莱与东盟中的新加坡、马来西亚、泰国、印尼、菲律宾已实行了自由贸易政策，这有利于中国企业与较为富裕的文莱企业家合作在文莱办公司，将产品销往上述国家，尤其是文莱在地理位置上紧靠马来西亚东部和印尼东部的广大地区，市场纵深度大，前景广阔。

根据中国商务部统计，2010年1—10月，中国对文莱非金融类投资额849万美元。文方对华合同投资额4.55亿美元，实际投资额2.47亿美元。中国对文工程承包规模不大，投资规模更小。2009年下半年以来，陆续有文莱都东水坝、德里塞—鲁木高速公路和365套政府住房项目由中国和当地企业组成联营体中标，广西在文莱农业合作及广东企业在文莱渔业合作项目已陆续启动。越来越多的企业关注文莱市场，到文访问经贸团组日益增多。在文注册公司并正常开展业务的中资企业已有近10家，业务范围包括电讯服务、房地产开发、地质勘探、中医药、渔业、农业、水电和道路施工等。随着中文两国友好关系的迅速发展，中国企业在文莱寻求商机就有了较好的外部条件。文莱工业不发达、政府积极推动非石油天然气工业发展的现状，有利于中国企业走进文莱发挥优势。文莱缺少劳工和技术工人，这有利于中国企业前往承揽工程、劳务输出。因此，中国与文莱企业还应继续加强和密切经贸领域的合作，从而携手推开商机之门，共同推动两国经贸关系的进一步良性发展。

参考文献

一、专著文章

[1] 陈宁．文莱的石油和天然气．东南亚，1991（2）：54–55.

[2] 古小松．东南亚民族：马来西亚、新加坡、印尼、文莱、菲律宾卷．南宁：广西民族出版社，2006.

[3] 郭元兵．文莱高等教育述评．郧阳师范高等专科学校学报，2009（2）：142–144.

[4] 何劲松．2007的文莱政治经济形势．东南亚，2008（3–4）：26–33.

[5] 黄云静．文莱：在低迷中前进．东南亚研究，2002（1）：16–18.

[6] 黄云静．伊斯兰教与当代文莱政治发展．当代亚太，2007（4）：25–31.

[7] 胡继银，将艾青．文莱达鲁萨兰国水稻生产现状．中国种业，2010（3）：22–23.

[8] 李岩，李笑楠．和平之邦文莱的市场机会．进出口经理人，2008（10）：36–37.

[9] 廖小健．中国与文莱石油贸易与对策思考．国际论坛，2005（9）：48–51.

[10] 刘仁伍．东南亚经济发展地图（2007）．北京：社会科学文献出版社，2008.

[11] 刘新生，潘正秀．和平之邦一方乐土：出使文莱琐记．南京：江苏人民出版社，1998.

[12] 刘新生，潘正秀．文莱．北京：社会科学文献出版社，2005．

[13] 刘新生，何承伟．天堂秘境：文莱．上海：上海锦绣文章出版社，2010．

[14] 罗满秀，汤希．论中国与文莱关系特点及前景．长春工程学院学报，2009（2）：31–34．

[15] 马金案．文莱：政局稳定、经济持续发展．东南亚纵横，2004（3）：36–38．

[16] 马金案．文莱：2004“双喜临门”．东南亚纵横，2005（3）：24–28。

[17] 马金案，刘业信．文莱：2005年政治社会稳定经济平稳增长．东南亚纵横，2006（3）：11–16．

[18] 马金案．文莱：2006年回顾与2007年展望．东南亚纵横，2007（2）：10–15．

[19] 马金案，黄斗．文莱国情与中国——文莱关系．北京：世界知识出版社，2008．

[20] 马金案．文莱：2007年回顾与2008年展望．东南亚纵横，2008（3）：3–9．

[21] 马金案．文莱：2008年回顾与2009年展望．东南亚纵横，2009（2）：18–24．

[22] 马金案，马静．文莱：2009年回顾与2010年展望．东南亚纵横，2010（3）：21–27．

[23] 马勇，齐欢．文莱经济发展的新特点及战略．东南亚南亚信息，1998（1）：2–4．

[24]（美）闵全道，徐斌，译．文莱：转型中的经济．当代亚洲杂志，1996（4）：48–52．

[25] 聂德宁．中国与文莱贸易往来的历史考察．中国社会经济史研究，2008（2）：78–84．

[26] 聂德宁．中国与文莱经贸关系发展的现状及前景．南洋问题研究，2008（4）：32-40.

[27] 彭运锋．文莱教育简介．东盟教育之窗，2008（07）：51-52.

[28] 任兆璋．东盟10国金融．南宁：广西人民出版社，2010.

[29] 宋秀梅，徐宗碧．东盟国家概况．云南：云南大学出版社，2009.

[30] 邵波．浅论文莱的对个关系及其特点．东南亚之窗，2010（1）：15-23.

[31] 商务部．对外投资合作国别（地区）指南——文莱（2009年版），电子书，2009.

[32]（日）室冈铁夫，郑焕宇，译．文莱经济的现状．海外市场，1983（8）：51-56.

[33] 师小玲．文莱：绿波上的金顶．南宁：广西民族出版社，2006.

[34] 陶晴，安树昆．文莱达鲁萨兰国经济贸易法律指南．北京：中国法制出版社，2006.

[35] 覃主元．战后东南亚经济史（1945-2005年）．北京：民族出版社，2007.

[36]（美）唐纳德·E·韦瑟比，周世雄，译．文莱与东盟的关系．亚洲概览，1983（6）：117、118-126.

[37] 汤燕瑜，邬跃生．东盟国家社会与文化．江苏：苏州大学出版社，2009.

[38] 肖三华，译．过渡时期的文莱经济．东南亚研究，1997（4）：11、14.

[39] 万国博览编写组．孟加拉、不丹、文莱．呼和浩特：内蒙古人民出版社，2004.

[40] 汪慕恒．文莱的石油及其经济发展．南洋问题，1986（2）：91-97.

[41] 王云娇．对文莱能长期保持政治社会稳定的几点看法．东南亚纵横，2005（5）：49–51．

[42] 魏达志．东盟十国经济发展史．深圳：海天出版社，2010．

[43] 吴士存，朱华友．越南、马来西亚、菲律宾、印尼、文莱：五国经济研究．北京：世界知识出版社，2006．

[44] 杨新华．文莱：热带王国皇冠上的明珠．江苏：南京出版社，2005．

[45] 杨武．当代东盟经济与政治．北京：世界知识出版社，2006．

[46]（苏）叶法诺娃，中山大学东南亚历史研究室，译．文莱：历史、经济和现状，北京：商务印书馆，1978．

[47]（文莱）伊斯梅尔・杜拉曼，阿达尔・阿米・约・哈希，徐斌，译．文莱：以自己的方式发展．南洋资料译丛，2000（1）：72–81．

[48] 俞亚克、黄敏．当代文莱．成都：四川人民出版社，1994．

[49] 云南信息报编著．中国记者发现东盟・下，马来西亚、菲律宾、新加坡、印度尼西亚、文莱．昆明：云南人民出版社，2010．

[50] 张宇燕．亚太地区发展报告（2009）．北京：社会科学文献出版社，2009．

[51] 庄礼伟．文莱经贸状况述评．东南亚研究，1996（6）：9、10–12．

[52] 朱振明．石油王国文莱的经济发展．东南亚之窗，2003（10）：30–32．

[53] Hideaki Shimizu and Eric Sidgwick. Brunei Darussalam : recent economic developments.Bethesda, Md. : Congressional Information Service, Inc., 1999.

[54] Jatswan S. Sidhu. Historical dictionary of Brunei Darussalam. Lanham, Md.Scarecrow Press，2010.

[55] Natasha Alexander. Brunei : investment & business guide. Washington, D.C. :International Business Publications, 1998.

[56] Simon Richmond.Lonely Planet Malaysia, Singapore & Brunei. Lonely Planet Publications ltd，2007.

二、相关网站及图片来源

[1] 文莱首相府： http://www.jpm.gov.bn/

[2] 文莱财政部：http://www.mof.gov.bn/English/Pages/default.aspx

[3] 文莱工业及初级能源部：http://www.bruneimipr.gov.bn/

[4] 文莱经济发展理事会：http:// www.bedb.com.bn

[5] 文莱工业能源部：http://www.brunet.bn/org/bsmehp/brunei/invest/smeinves

[6] 文莱易华网：http://www.e-huawang.com/v2/main_v3.asp

[7] 中华人民共和国驻文莱达鲁萨兰国大使馆：http://bn.chinceseembassy.org/chn/

[8] 中华人民共和国驻文莱达鲁萨兰国大使馆经济商务参赞处：http://bn.mofcom.gov.cn/index.shtml

[9] IMF统计网站： http://www.imf.org/external/data.htm

[10] 亚洲开始银行网站：http://www.adb.org/

[11] 东南亚国家中央银行研究培训中心：http:// www.seacen.org

[12] 图1-1：http://www.17u.com/map/detail_943999.html

[13] 表1-1：http://www.bruneiweather.com.bn/images/bruneiClimate.pdf

[14] 图1-3：http://kuching.mofcom.gov.cn/aarticle/ddfg/tzzhch/200203/20020300009312.html

[15] 图1-4：http://politics.people.com.cn/mediafile/200504/18/F200504181549130000.jpg

[16] 图1-5：http://www.yuanjunkuaidi.cn/uploads/allimg/090911/1_14545JT6.gif

附录一　文莱基本信息

⊙ 首都城市：斯里巴加湾市

⊙ 官方名称：文莱达鲁萨兰国

⊙ 范围：5,765平方公里

⊙ 邻近国家：马来西亚

⊙ 宗教：伊斯兰教

⊙人口：40.6万（2009年）

⊙ 人口增长率：2.1%

⊙ 人口密度：70人/平方公里

⊙ GDP: 156亿文莱元（2009）

⊙ 人均GDP：3.84万文莱元（2009）

⊙ GDP增长率：–23.5%

⊙ 通货膨胀（12个月平均）：1.8%（2009）

⊙ 主要出口市场：日本、印尼、澳大利亚、韩国

⊙ 地区工业：石油、天然气、服装业

⊙ 语言：马来语、英语

附录二　文莱主要商会

文莱国家工商会

National Chamber of Commerce & Industry Brunei Darussalam

No. 1, Block D, Beribi Industrial Complex 1, Kg. Beribi BE 1119

Negara Brunei Darussalam

电话：+673–2421839

传真：+673–2421839, 2237843

文莱斯市中华总商会

Chinese Chamber of Commerce

72, Jalan Robert, P.O. Box 281, BSB BS8670,

Brunei Darussalam

电话：+673–2235495

传真：+673–2235492

E–mail: ccc@brunet.bn

文莱马来工商会

Brunei Malay Chamber of Commerce and Industry

电话：+673–2221383

传真：2221565

文莱福建会馆

Hockian Association Brunei

电话：+673–2229555

传真：+673-2229666

E-mail：hockian@brunet.bn

文莱马来奕县中华商会

Chinese Chamber of Commerce, Belait District, Brunei Darussalam

P.O. Box No. 68, Janlan Pretty, Kuala Belait KA1131,

Brunei Darussalam

电话：+673-3334374

传真：3333883

附录三　文莱主要政府机构

机构名称	英文名称	电话	传真
首相署	Prime Minister's Office	+673-2229988	+673-3341717
国防部	Ministry of Defence	+673-2386600	+673-2241695
财政部	Ministry of Finance	+673-2234501	+673-2241829
外交与贸易部	Ministry of Foreign Affairs and Trade	+673-2261177	+673-2262904
工业与初级资源部	Ministry of Industry and Primary Resources	+673-2383822	+673-2383811
发展部	Ministry of Development	+673-2383222	+673-2380298
移民和登记局	Immigration and National Registration Department	+673-2383106	+673-2381045
文莱皇家警察部队	Headquarters of RoyalBrunei Police Force	+673-2459500	+673-2426290
旅游局	Brunei Tourism	+673-2382822	+673-2383811
劳工局	Labour Department	+673-2383006	+673-2383244
卫生部	Ministry of Health	+673-2381640 / 2383586	无
陆路交通局	Land Transport Department	+673-2451979 / 2451992	+673-2424775
海关	Royal Customs and Excise	+673-2382333	+673-2382666
文莱皇家航空公司	Royal Brunei Airlines	+673-2240500	+673-2229319

附录四　文莱企业分类名录

http://www.bruneidirect.com/New_bizcentre/Directory.htm

关于文莱的国情、投资及贸易环境，可访问以下网址：

http://www.nccibd.com/InvestmentGuide

http://www.brunei.gov.bn/

http://www.brunet.bn/

http://www.brudirect.com

文莱当地企业网址

企业名称	网址	业务范围
文莱指南	www.brudirect.com/	
Royal Brunei Airlines	www.bruneiair.com/	航空
Brunei Shell	www.shell.com.bn/	石油
IBIC Sendirian Berhad	www.sehatbrunei.com/	食品饮料生产和贸易公司
Q-Carrier （B） SDN BHD	www.carrier.com.bn	家用电器贸易公司
AIFA SDN BHD	www.aifa.com.bn	
TSK Group	www.tskelectric.com	
Fairland Trading	www.fairlandtrading.com	
Muiz Marketing	www.muizmarketing.com	咨询、设计、培训、服务公司
Cityneon International Pte Ltd	www.cityneon.net	
Megamas Training Company Sdn Bhd	www.megamas.com	
Petrokon Utama Sdn Bhd	www.pusbbrunei.com	

续表

企业名称	网址	业务范围
DST Group	www.dst-group.com	邮电通讯公司
KPF Comserve Sdn Bhd	www.netkad.com.bn	
Linknet Solutions Sdn Bhd	www.linknet-asia.com	
Liangtoon Group	www.liangtoon.net	商场、超市、批发企业
Syarikat Perniagaan Malar Setia	www.malarsetia.com	
IBA Resorts Sdn Bhd	www.theholidaylodge.com	
National Insurance Company Berhad	www.national.com.bn	金融保险
Insurans Islam Taib Sdn Bhd	www.insuranstaib.com.bn	
ISS Thomas Cowan Sdn Bhd	www.bn.issworld.com	
Standard Insurance Sdn Bhd	www.standard-ins.com	
The Islamic Bank of Brunei Berhad	www.ibb.com.bn	
Grand Motors Sdn. Bhd	www.grand-mtr.com	汽车经销商
GHK Auto Assembly Sdn Bhd	www.ghkauto.com/	
CIC Environmental Services Sdn Bhd	www.quanix.com/business/cic	环保、卫生
Teck Liong Company Sdn. Bhd	www.issbrunei.com.bn	
Full Service Environmental Remediation Company	www.sbrjv.ca	
Zuellig Pharma	www.zuelligpharma.com	医药、医疗、保健
Supercrete Sendirian Berhad	www.supercretebrunei.com	建材企业
Interline（B）Sdn Bhd	www.interline-asia.com	
Lee Hung Scientifc Pte L	www.leehung.com	仪器仪表贸易公司
enith Scientific	www.zenithsci.com	

续表

企业名称	网址	业务范围
Tri-Star Shipping & Trading Co Sdn Bhd	www.tristarbrunei.com/	码头、船运和代理公司
Teck Liong Company Sdn. Bhd	www.zan.com.bn	
Aircat Forwarding	www.aircat.com.bn	
GLAMCO AVIATION SERVICES	66.70.138.129/index.html	
AP2 Systems	www.ap2.com.bn	计算机、软件、IT及办公用品
Binah Equipment Systems	www.binah.com	
Netservo Services	www.netservo.com.bn	
Interhouse Company	www.ihc.com.bn	
BIT Computer Sdn Bhd	www.bitcsb.com.bn	
Folec Communications Sdn Bhd	www.folecbrunei.com	
SDS Systems （B） Sdn Bhd	www.sds-systems.com	
Forward Media Sdn Bhd	www.bruneiyearbook.com	出版印刷业
Brunei Press Sdn Bhd	www.bruneipress.com.bn	
Century Travel Centre Sdn Bhd	www.centurytravelcentre.com	旅行社
Mas Sugara Travel Services	www.massugara.com	
Sunshine Borneo Tours & Travel	www.exploreborneo.com	
HSE Engineering Sdn Bhd	www.hsebn.com	工程公司
IMG COMPANY	www.imgcom.net	
Metaweld Sdn. Bhd.	www.metaweld.com	
Menara Electrical & Engineering Sdn. Bhd	www.menara.ws	
Unicorp Sdn. Bhd	www.unicorpbrunei.com/index.htm	

续表

企业名称	网址	业务范围
Hua San Hardware	www.hua-san.com	五金、工具和材料销售商
Jerudong Park	www.jerudong-park.com	娱乐业
Tamu Trader	www.tamutrader.com	综合贸易公司
文莱贸易投资指南	www .bruneidirect.com/New_bizcentre/Directory.htm	

附录五　中国公民赴文莱须知

一、签证须知

文莱驻华大使馆

地址：北京朝阳区建国门外大街齐家园外交公寓3号别墅

电话：010-65324094

目前文莱驻华使馆不办个人旅游签证，可办团体旅游签证，每团不少于5人，其中1人为导游。如个人办商务、探亲签证，需提供文方邀请信及文移民局批准函。自2003年4月起，签证申请人还需提供健康证明。官方代表团则仅凭文方政府邀请信。办理签证时需填写申请表一张、交相片一张，签证费80元人民币。签证需时3个工作日，有效期3个月，入境时移民局盖14天停留章。

关于落地签证：文莱对中国旅游团组实行72小时落地签证，由当地旅行社与国内旅行社联手办理并事前一周得到文移民局批准。

二、海关规定及入境须知

文莱海关

电话：+673-2382333，传真：+673-2382666

通过航空、海上和陆路交通进入文莱，每位入境者均需向海关申报所携带的物品，在必要情况下，需打开行李接受检查。禁止入境的物品：大麻、海洛因等毒品和与伊斯兰教义相违背的任何其他物品（17岁以上的非穆斯林入境时可携带2瓶以下的白酒或12罐以下的啤酒）。

三、医疗条件和医疗保险须知

文莱拥有较完善的医疗保障体系，政府向其公民提供免费医疗，但非永久居民和外国人不享受这一待遇。境内无百日咳、破伤风、小儿麻痹、脑炎和其他严重传染性疾病，自1969年以来也未发现疟疾，1987年被世界卫生组织列入无疟疾区。文莱仅有一家综合性医院和一家心脏病专科医院，除此之外还有一些私人诊所。当地药店品种比较齐全，质量较好，购药比较方便。目前存在的主要问题为医疗专业人员短缺，大部分医生和护理人员都是外籍人士，一些需要特别护理的病号还需送到新加坡就医。

四、法律须知

文莱是法制社会，对各种违法犯罪行为处罚严厉。有关规定如下：

1．非法居留：不超过90天者，处以6个月以下监禁，或4,000文莱元以下罚款；超过90天者，处以3个月以上2年以下监禁，并处3鞭鞭刑。

2．非法入境：处3个月以上2年以下监禁、3鞭以上鞭刑。

3．从事色情活动：处500~5,000文莱元罚款并处1年以下监禁。

4．非法兜售物品：处2,000文莱元以下罚款，并处6个月以下监禁。

5．5人以上有政治目的的聚会属于非法聚会，警察可扣留有关人员24小时进行调查。

6．酗酒闹事：处6个月以上2年以下监禁，并处1鞭鞭刑。

7. 走私：处4万文莱元以下罚款，2年以上监禁。

8. 根据文莱法律，非法拥有枪械和贩毒可判死刑。

五、交通安全和外出旅行注意事项

文莱公路四通八达，路况优良，平均每1.5人拥有1辆汽车，居民出行主要依赖私家车，出租车及公共汽车服务不发达。全国有二十多家旅行社可提供租车服务。文莱行车右驾驶，靠左行，没有专门的人行道，更没有自行车道，由于路况较好，车速一般较快，外出旅行要格外注意安全。另外文莱属热带雨林气候，高温多雨，出门要携带雨具、防暑降温和防蚊叮虫咬的用品。

六、其他有关信息

中国驻文莱使馆电话：

+673-2339609（总机）
+673-2334163（领事部）
+673-2340891（商务处）

文莱政府网站：www.brunei.gov.bn

查号：113

警察：993

火警：995